印象心理学

[日]田中知惠——著

刘鹏——译

四川文艺出版社

图书在版编目（CIP）数据

印象心理学 /（日）田中知惠著；刘鹏译 . -- 成都：
四川文艺出版社，2024.5
ISBN 978-7-5411-6959-5

Ⅰ.①印… Ⅱ.①田…②刘… Ⅲ.①社会心理学 –
通俗读物 Ⅳ.① C912.6–0

中国国家版本馆 CIP 数据核字 (2024) 第 085449 号

"INSHO" NO SHINRIGAKU by Tomoe Tanaka Copyright © Tomoe Tanaka 2021
All rights reserved.
Original Japanese edition published by Nippon Jitsugyo Publishing Co., Ltd., Osaka.
This Simplified Chinese edition is published by arrangement with Nippon Jitsugyo
Publishing Co., Ltd., Osaka c/o Tuttle–Mori Agency, Inc., Tokyo through LeMon Three
Agency, division of Shanghai Moshan Liuyun Cultural and Art Co., Ltd, Shanghai.

著作权合同登记号　图进字 21-2024-043 号

YINXIANG XINLIXUE
印象心理学

[日]田中知惠　著　　刘鹏　译

出 品 人	冯　静
出版统筹	众和晨晖
责任编辑	路　嵩
封面设计	琥珀视觉
内文设计	博鑫设计
责任校对	段　敏
责任印制	桑　蓉

出版发行	四川文艺出版社（成都市锦江区三色路 238 号）
网　　址	www.scwys.com
电　　话	028-86361802(发行部)　028-86361781(编辑部)
邮购地址	成都市锦江区三色路 238 号四川文艺出版社邮购部　610023
印　　刷	天津明都商贸有限公司
成品尺寸	145mm×210mm	开　本	32 开
印　　张	6.25	字　数	120 千
版　　次	2024 年 5 月第一版	印　次	2024 年 5 月第一次印刷
书　　号	ISBN 978-7-5411-6959-5
定　　价	45.00 元

版权所有，违者必究。如有印装质量问题，请与出版社联系调换。联系电话：028-86361796。

前　言

> 如果这本书有缘出现在你手中，那么你是由于什么原因选择读这本书的呢？笔者列举了以下七个原因，哪一项是你的选择呢？

1. 觉得自己是个不具备"识别他人"能力的人，想通过阅读此书弄清产生这种想法的原因。

2. 自信自己是个具备"识别他人"能力的人，想通过阅读此书确认书中所描述的种种情形不适用自己。

3. 就连自己都无法确定"自我的印象"，想通过阅读此书弄清原因所在。

4. 有时，尽管对自己所做的事情有乐观的预期，但结果却是失败，想通过阅读此书弄清原因所在。

5. 总是觉得自己的团队比对方的团队优秀，想通过阅读此书了解对方是否也是这么想的。

6. 无论如何都无法对"对方的团队"产生好感，想通过阅读此书弄清原因。

7.想通过阅读此书，了解如何从心理结构的角度来描述对于他人、自己及团队的印象。

以上的选项中有与你想法相近的选项吗？（希望能够有）

以上选项都与人们的"心理活动"相关。尤其是关系到我们应该如何看待身边的人、自己、自己所在的团队和对方，以及为什么要如此看待他们……这样一些问题。

要是将此书的内容拿到社会心理学的课堂上，做一个简单的介绍的话，人们可能会认为，这本书大概只是为了解释上述选项7而写的吧。可是，如果进行更深入的探讨，我们就会发现，其他各选项也都是囊括其中的。

本书所要探讨的是，我们在与别人打交道的过程中所经历的那些"为什么""怎么样"之类的常见问题。

本书由五个部分构成。各部分都是以成熟的社会心理学理论为依据，来分析与"印象"相关的心理结构问题。

第一编介绍的是，"印象形成的过程"中所出现的"认知扭曲"现象。人们脑海中所接收到的信息，在形成某些"印象"的过程中，会出现"直接作用形成的判断"和"深思熟虑形成的判断"这两个过程。我们只有在了解这一点的基础上，才能进行各具体问题的分析。

本书各个章节中所讨论的问题都是相互关联的。比如说，"如何给对方留下印象"与"如何评价自己"这样的内容是不可能完全分开思考的。当然，遇上这类问题，作者会在相应的章节中进行解说。

在最后的第五编中,作者采用了依据"认知扭曲"更有可能获取正确判断的例子,并在此基础上进一步阐述了它的意义。

但愿此书能够成为你重新审视自我、身边的人、你的团队以及对方团队的契机。

目　录
contents

第一编　人们是这样做出判断的

第一章　人们在做判断过程中的"认知结构"

→什么是"对人的印象" ... 2
→印象是怎么形成的 ... 4
→人们在处理信息过程中所使用的"模式" ... 7
→人们在做判断时的"直觉"与"熟虑" ... 10
→持有印象时的"自动思维过程"与"主动思维过程"
　——功能的模式 ... 11
→行动时的"系统1"和"系统2"
　——程序的模式 ... 19
→人们的认知只通过"自动思维过程",能否顺利地运作下去 ... 21

第二章　一种被称为"偏差"的惯性思维

→首先,让我们来了解一下何为"偏差" ... 22

→"惯性思维"会给人们的判断带来哪些影响　　　23

第二编　对"别人"的印象是怎样形成的

第三章　你能"看懂别人"吗

→对人的认知容易受"确认偏差"的影响　　　42
→希望能发现什么呢
　　——"探索信息"的阶段　　　45
→容易在哪方面形成记忆呢
　　——"记忆符号化"的阶段　　　47
→回忆什么呢
　　——"探索记忆"的阶段　　　49
→解读出了什么
　　——"解释"的阶段　　　51
→能预见到什么呢
　　——"预测"的阶段　　　55

第四章　你能读懂"别人的情绪"吗

→人们是怎样"推断"别人心理状态的　　　59
→那个人应该是那样想的
　　——推测时的"外行理论策略"　　　61
→那个人应该也是这样认为的
　　——进行推测时的"模拟方略"　　　62

→区别运用"理论方略"与"模拟方略" 66
→认为自己"明白了"产生的影响 69

第五章　你为什么"喜欢那个人"呢

→当对人抱有好感时的"惯性思维" 72
→喜欢长得好看的人
　　——外在的魅力 73
→喜欢和自己相似的人
　　——想法的类似性 76
→喜欢经常能遇到的人
　　——熟知性 79

第六章　你是如何谈论"别人的事情"的

→跟他人分享对"别人"的印象时会怎样 83
→迎合现场的气氛
　　——协调听众 84
→自己也开始这样觉得
　　——相信自己说过的话 86
→为什么我们要和别人分享"自己的想法" 87
→用"不同的说话方式"分享你对别人的印象 88
→"预期行为"的说明会给听者带来什么
　　——语言预期偏差的影响 90

第三编 "自己"在别人心目中的印象是如何形成的

第七章 你是如何看"自己"的呢

→"对自己的认知"你有多少　　　　　　94
→"自我图式"的作用　　　　　　　　　95
→你想怎么看"自己"　　　　　　　　101
→和"过去的自己"进行比较　　　　　112

第八章 你想让别人如何看你呢

→别人是如何认为你的
　　——"自我表露"的理由　　　　　116
→在受到否定评价时更倾向于"期望自我表露"　117
→"自我表露"的两个方式　　　　　　120
→"自我表露"会如何影响自己　　　　125

第九章 "别人是如何想你"的呢

→我们引人注目吗
　　——聚光灯效应　　　　　　　　　127
→真的会像你预期的那样吗
　　——透明度错觉　　　　　　　　　129

→我会被选上吗

　　——自我目标偏差　　　　　　　　　　　132

第十章　你"所了解的自己"是真正的自己吗

→如果脑海中浮现出"重要的他人"的话，会改变对自己的看法　　　　　　　　　　　　　　　　134
→"内省"的界限　　　　　　　　　　　　　137
→如何用"自我总结"探寻那个难以发现的自己　139

第四编　"团体"的印象是如何打造的

第十一章　你如何看"那些人"

→刻板印象、偏见和歧视　　　　　　　　　　144
→"刻板印象"是如何形成的

　　——"刻板印象"的形成　　　　　　　　145
→"刻板印象"难以改变、难以消除

　　——"刻板印象"的维持　　　　　　　　148

第十二章　你是如何与同伴谈论"别人的事情"的呢

→其他人应该也是这么想的

　　——"刻板印象"的共享　　　　　　　　158
→"信念"是如何被共有的　　　　　　　　　160

第五编 "那个印象"真的可以吗

第十三章 偏见是如何影响我们的固有"印象"的呢

→"惯性思维"给我们带来了什么　　170
→因"惯性思维"出现的问题，或许是有益的　　173

第十四章 我们应该如何面对"惯性思维"呢

→为什么说了解"惯性思维"很重要　　175
→"惯性思维"到底会带来多大的问题　　177
→"偏差"没有对错之分　　182

结语　　184

第一编

人们是这样做出判断的

第一章 人们在做判断过程中的"认知结构"

→什么是"对人的印象"

这是一个很抽象的概念，为了便于诸位理解，就让我们来读一个故事吧——

某天夜里，某个企业的董事长办公室。

——董事长在想：今天的工作虽然结束了，可还有件重要的事情没做。那就是要向一直协助自己工作的秘书求婚，让秘书从现在起就成为自己的婚恋对象。

秘书既年轻又温柔，还特别聪明伶俐。想必跟秘书结婚之后，家庭生活方面也会多个好帮手。自从公司成立以来，自己已经在IT行业打拼了20年。在十分严峻的竞争环境下，把公司的规模越做越大，业绩也很不错。如今，公司的运营稳健，各项事务都已经步入正轨。要是再把个人的婚恋问题解决了,不就是锦上添花了吗?虽说今天时间晚了些,但秘书的电话想必还能打通吧。当然,当面求婚是最好的,可自己不是太忙了嘛,没办法啊。

——太棒了!秘书答应了自己的求婚,真是令人开心!秘书说,结婚后,肯定会以家庭为重,但并不想放弃公司的这份工作。所以,还得在别的部门给秘书安排一个工作岗位。就本人的想法而言,必须举办个婚礼仪式,招待一下那些有生意往来的客户朋友。

那么,明天得赶紧与公司经常联系的酒店销售经理商谈一下。婚纱和礼服怎么选呢?

故事讲到这里,我要提一个问题,那就是董事长是个什么样的人,秘书又是个什么样的人?

对于这个问题,可以说并没有标准答案。在读这个故事的过程中,也许您对董事长和秘书的印象就在发生着变化。当然,要是没有发生变化也没啥。譬如,您可以想象,董事长以及他的伴侣——秘书,在结婚仪式上也可能穿结婚礼服和婚纱……对于他们俩,您尽可以做出种种假设,甚至都有可能把董事长想象成女性,而把秘书想象成男性。

在读这个故事的时候,人们一般不会认为董事长是女性。可事实上,在现实生活中,企业里却活跃着众多的女性领导,担任董事长职务的也不乏其人。这些情况,媒体的屡屡报道也可以做证。那么,在人们的脑海里,为什么就会出现"董事长一定是男性"的印象呢？

那是因为人们在判断事物时，大多遵循着一个所谓的"认知结构"（关于"认知结构"这个概念，笔者稍后将会做详细阐述）。在"认知结构"的框框下做判断，人们就容易把自己引入某个固定的方向，最终陷入"自以为是""武断"的境地。以上那个故事中，人们想当然地把董事长想象成男性，而把秘书想象成女性，就是这个"认知结构"在作祟吧。

→印象是怎么形成的

就像前面的故事所叙，人们习惯性地认为董事长就该是男性。我们的日常生活中，对所遇见的人也必然会产生一定的"印象"。试想一下，我们的这些"印象"是怎么形成的呢？为什么对所遇见的人会产生这样的"印象"呢？

事实上，在第一次见到这些人物时，某些看起来不起眼的信息，会给人们的判断提供众多的线索。

例如，与A君相识时，从他从事的职业以及居住的地区这些信息中，就能判断出A君的生活比较富裕。有了这样的初步印象之后，你就会发现他所用的物品都是奢侈品，自然而然地感到他的谈吐也很优雅。

这就是刚才所说的"认知结构"的作用。就算A君从事的是高收入职业，住的是高级公寓，也不见得他就是个很富有的人。像职业之类的信息，虽说只是某人的一条简历，但起到了一个引导作用，使得接受信息的人们凭空对A君产生了一个良好的印象。

像这样从某一方面的信息得出对某人的"印象"，然后印象不断加深的过程就称为"认知过程"。"认知过程"分为几个阶段，几个阶段又相互关联。为了便于理解，本书将分为三个阶段来进行解读，即对信息的"记忆"阶段、对信息的"理解"阶段和对信息的"强化"阶段。

上述例子告诉我们，A君的职业信息所留下的"印象"很鲜明，很容易就被人们记住了。因此，在对A君所持有的那些值钱与不值钱的物品中，人们很容易记住其中的奢侈品。这就是在"记忆"阶段发生的事情。

一旦认为A君是个富裕的人，那么，人们就会收集与自己的假设一致的证据。如此这般，把A君的言行举止按照自己的假设进行"理解"，必然就能使自己的假设得到证实。这样一来，也就愈加"强化"了自己的假设（即判断）。

于是，当您有机会与他人谈论A君时，都会抱定自己在上述三个阶段所形成的对A君的"印象"——即他是个富有的人的印象。这样一来，您对A君所持有的那种主观臆断的、片面的印象，就会如同真实的存在一样在社会上广泛传播。

类似这种人们对于某个人的主观评价印象（本人的认知）以及这种口口相传所产生的影响，作者将在本书的第二编中详细加以阐释。

当然，被评价（判断）的对象并不限于"他人"。人们对于"自己"也会持有一个"我是××样的人"的印象。当听到别人议论自己时，如果所议论的内容符合自我判断，与自己的印象一致，就比较容易接受；反之，就不那么容易接受。

假如自己认为自己是一个"腼腆"的人，那么，在选择职业时，一般都会选择与别人接触机会较少的职业。如果有朋友说"我觉得你适合做销售"，您也一定会不以为然。

也许，别人比自己更了解自己，别人对自己的看法更准确。可是，固执的我们并不买账，往往总会执着于自己的看法。

在我们的心底都潜藏着一个理想的自我，并总是想让别人也这么认为，把自己看成是理想中的"××样的人"。有时，为了影响别人的思路，还会采用各种各样的手段。与此同时，自己也会有不想被人所知的一面，当然也就会竭尽全力去掩盖这一面，尽量被别人忽视。类似这种"自我印象"的内容，作者将会在第三编进行介绍。

刚才，我们也稍微提及了对"他人"的印象以及由许多个"他人"而形成的"团体"的印象。这些内容，作者将会在第四编进行说明。关于"××样的一群人"，在我们所持有的特定"印象"所形成的过程中以及在维持那个"印象"的过程中，人们自身所持有的某些动机也产生了作用，并且那样的"印象"在与他人的交流过程中也在不断深化。关于这一点，作者也会在本书以后的篇章中进行介绍。

→人们在处理信息过程中所使用的"模式"

到目前为止我们简单讨论了对"自己""他人""团体"的印象。我们看到，这些"印象"在形成过程中具有一个共同的特点，那就是"认知结构"所产生的作用。在心理学上，这样的"认知结构"也被称为"模式"。反言之，所谓"模式"，也就是指对某人的"认知结构"。

在人们的记忆中保存着对很多人的"模式"，在处理外部信息时，人们就会使用这种"模式"。

比如，当我们向他人问路时，对方告诉你："在下一个拐角往右转弯。"那么，我们就会按照他的指示，在到达"下一个拐角"时，"往右转弯"。我们之所以能够准确无误地完成这一系列动作，就是因为在我们的记忆中，保存着对"拐角""往右""转弯"这些词的认知。

请读一读以下这段文字——

这是一项十分简单的工作。首先，让我们将不同材质的材料分成几组。当然，如果材料比较少，就放在一起，分成一组也可以。如果因为缺乏"设备"而必须转移到其他地方去的话，那就另当别论。如上所述，我们将这些材料分组之后，准备工作就算做好了。下面，我们就开始做这项工作。但有一点很重要，那就是一次不要做得过多。也就是说，做得过多还不如做得少一点好。也许你会认为，我们只考虑做眼前的工作有些缺乏远见。可是，一次做得太多的话，就会手忙脚乱，也容易出错。刚开始做的时候，也许会觉得程序很复杂，但只要坚持下去，熟能生巧，这项工作很快就会成为您生活的一部分。也许，在不久的将来，这项工作就没有必要再去做了，但眼前却不能武断地做这样的论断。当上述程序结束后，还要把这些材料分成几组，放到该放的地方。当这些材料再一次被使用时，我们还得重复以上的程序。虽然，这样显得枯燥无味，却也是人们生活的一部分。（布兰斯福德&约翰逊，1972）

这段文字读完了，也许您还不知道它所要表达的是什么内容吧。答案是"清洗衣物"。

在"模式"当中，有一种形式被称为"认知脚本"。所谓"认知脚本"，就是指在某些情况下做事的程序，或者某种情况下所产生的事物、现象的流程的知识。

如果我们在"清洗衣物"的"认知脚本"的背景下读这段文字的话，就很容易理解了。也许，刚开始的时候有些读不懂，但一旦提到"清洗衣物"这件事，就会豁然开朗吧。

我们对身边的各种事物都有相应的"认知脚本"。比如，乘坐公共汽车的"认知脚本"是这样的：在车站等候。车进站后，确认是否是自己要乘的车次。确认无误后再上车。到站之前按铃，提示司机到站停车。

因为有了这样一个"认知脚本"，所以，我们无论在什么地方乘坐公共汽车，都不会出现手忙脚乱的情况。也因为有了这样的"认知脚本"，有时候，又会让我们在国外乘坐公共汽车时，由于找不到下车提示的铃而紧张不安（因为有些国家公共汽车上用的不是铃，而是拉绳式的铃铛）。

虽然，我们有时也会遇到在国外乘坐公共汽车那样的事情，但"认知模式"或"认知脚本"作为"认知结构"的一种形态，能够帮助我们理解各种信息，帮助我们根据当时的状况采取相应措施。

表1 社会认知模式的种类

他人模式	聚焦于他人的特点或者目标去理解他人形成的认知
自我模式	关于自己所具有的明显特征的认知
角色模式	对特定的社会地位或社会分工所带来的预期行为的认知
事件模式	对在特定条件下所发生的事件的顺序或程序的认知
不具备信息内容的模式	对在处理要素之间的关联以及顺序时的规则的认知

社会的事物、现象或涉及人的模式被称作"社会模式",分为"他人模式""自我模式""角色模式"和"事件模式(认知脚本)"。在这里,笔者又增加了"依照规则形成的模式(不具备信息内容的模式)"(菲斯克 & 泰勒,1991),表1所示是其种类与特征。

→ 人们在做判断时的"直觉"与"熟虑"

那么,类似这种"认知结构"是怎么在人们思维方式中形成的呢?这样的"认知结构"有些恐怕是与生俱来的吧。在与"表情认知"相关的研究中,如"喜悦"之类的情感,被认为是一种人类所共有的、普遍的情感(埃克曼,1992)。

笑容,是人们表达"喜悦"情绪的一种面部表情。在人们的认知结构中,"眼角向下耷拉,嘴角向上翘起"的表情,便是人们对"笑容"的普遍认知,亦是与生俱来的吧。

另一方面,通过后天的学习取得经验,也是人们获取"认知结构"的一个重要途径。本书前面所举的例子中,"拐角""往右"等概念就属于这一类。

只要略微思考一下就不难发现,事实上我们已经掌握了大量的"认知结构"。如同刚才所说的那样,人们借用这些"认知结构",能够迅速处理和判断来自各方面的信息。

如表1所示,人们不仅对事情或者物体具备了"认知结构",对于"他人""自己"和"团体"也都具备了"认知结构"。

所以,当人们听到董事长这个词汇时,脑海里就立刻浮现出那个人的形象,并对其做出判断。我们把这种通过直觉做出判断的"认知结构",称为"自动思维过程"。

"自动思维过程"的特征是"无意识""无意图""不受控""不需要努力认知"。人们在认知的过程中,只要有一项符合上述特征,就属于"自动思维过程"。

相对于用直觉进行判断的"自动思维过程"而言,经过深思熟虑后的判断则被称为"主动思维过程"。

"自动思维过程"与"主动思维过程"这两种过程,或被称为"系统1"与"系统2",当然也有其他的称呼。具有这样两个过程的理论,通常称之为"双过程理论"。

对于"双过程理论",既有人把两个过程按照所拥有的不同性质来对事物进行分析,也有人把两个过程按照不同程序来对事物进行分析。下面,让我们来看一下详细说明。

→持有印象时的"自动思维过程"与"主动思维过程"
——功能的模式

我们在对他人产生"印象"时,是"自动思维过程"与"主动思维过程"共同作用的结果。在这种基于"双过程理论"

的模式中，作者认为，各个"过程"都具有它们自身的功能模式。下面，让我们列举两种功能模式加以说明。

第一个是印象形成的"双过程模式"（设想在两个过程之间有明显界限的模式），另一个是印象形成的"连续体模式"（设想从"自动思维过程"到"主动思维过程"逐渐转变的模式）。

印象形成的"双过程模式"

根据印象形成的"双过程模式"，我们首先根据那个人的属性自动得出结论，即那个人是什么样的人。然后，再如图1所示，对"印象"形成的步骤做出说明。

比如，我们见到了一个人，认为他是"日本人"（确认）。所谓"确认"，就是去理解目标对象是什么。在这种情况下，目标人物被认为是"日本人"，就属于这种类型。

这时，如果你认为那个人与自己的目标不会产生关系的话，就会马上停止对那个人的信息处理（停止）。在乘坐电车时，随便遇见一个人并不会引起你过多的关注。图1中 a 所指的就是这种情况，即"自动处理"的过程。

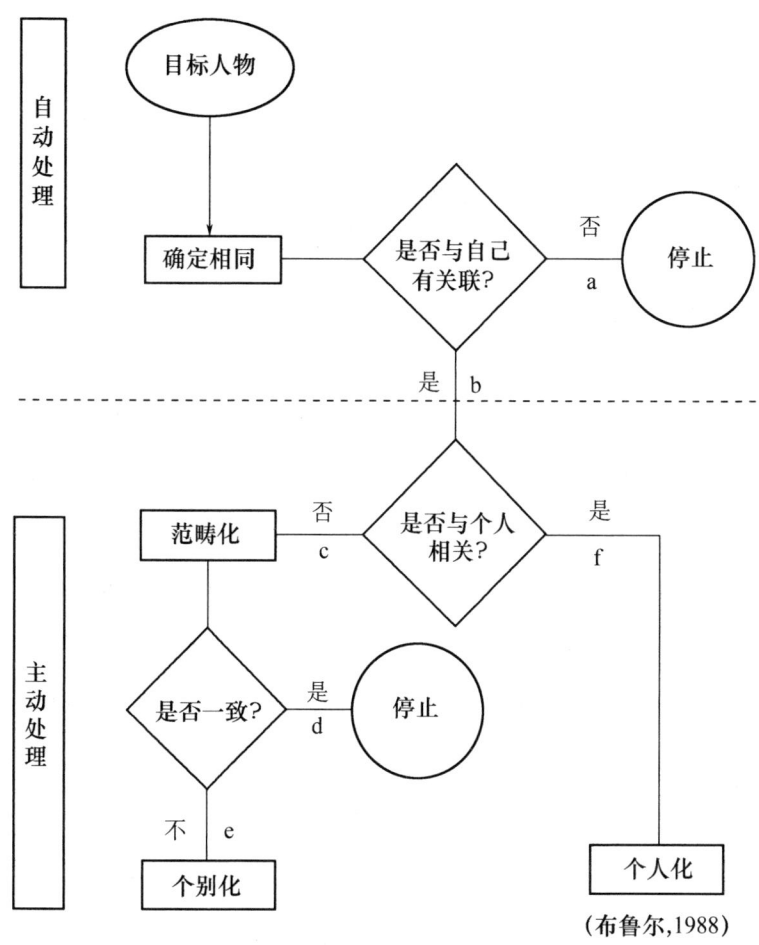

(布鲁尔,1988)

图 1　印象形成的"双过程模式"

可是,当遇到的那个人与自己可能产生某种关系时(具有关联性),就会对对方启动"主动思维过程"的"判断"。

例如,你今天第一次去有业务往来的 A 公司,那么 A 公司的员工就与你产生关联。因此,就应按照图 1 中 b 的程序，进入"主动处理"的过程。

不过，即便是 A 公司的员工，可如果对方只是大厅前台之类的服务人员，自己和他们的关联性就会低一些（不与个人相关）。这时，会凭印象来对对方做出判断（范畴化）。这种情况适用图 1 中 c。

那么，你对前台服务人员的印象又是怎样的呢？无非就是"在前台，笑容满面地接待来访者"的那些人吧。事实上，在大厅里，如果你看到服务台那边有人冲你笑，你肯定会想：那个人是前台的服务人员吧。因为他的举止表情与你脑海里的"印象"相吻合（相一致）。到这里，这个信息就处理完了（停止）。这种情况适用图 1 中 d。

但是，如果说那个人与你的印象出现了偏差（虽然那人也站在前台，可却用阴郁的眼神看着你），这种情况适用图 1 中的 e。面对这样的场景，你也许会认为对方是个"可怕的前台服务员"（个别化）。

让我们再来看一下其他的情况吧。再一次回到图 1 中 b，想象一下自己正在 A 公司的大厅里等人。

A 公司负责与你对接的人正在向你走过来。那个人与你有重要的业务往来，你们将举行商业会谈。图 1 中 f 符合这种情况。你心里想：他会是个什么样的人呢？因而，你就会特别用心地去观察他的特征（个人化）。

印象形成的"连续体模式"

图 1 所说明的是印象形成的"双过程模式"，把"自

动思维过程"与"主动思维过程"分开来考虑。如果不存在和"目标的关联性"的话，就会在"自动思维过程"上停下来；如果存在关联性的话，就会进入"主动思维过程"。也就是说，关联性是"两个过程"的分界线。我们用是否具有关联性这个尺子，把"两个过程"区分开来。

与之形成对照的是印象形成 a 的"连续体模式"。在"连续体模式"中，"自动思维过程"与"主动思维过程"并没有清晰的界限，认为两者都存在于"连续体模式"之中。也就是说，两者没有被清晰的界线所分开，像彩虹的颜色一样，是逐渐变化的。逐渐由"自动处理"向"主动处理"推移，在推移的过程中逐渐形成"印象"。下面，将要介绍的是图 2 所示的"印象"形成的步骤。

印象的形成是从"自动处理"开始的。首先要对他人进行"范畴化"处理。比如，我们所举的例子，看到某个人，认为那个人是"日本人"（范畴化初期，如图 2 中 a 所示）。如果对对方感兴趣或者具有某种关联时（如图 2 中 b 所示），就会开始观察对方的特征（给予关注）。

进而会对当时所拥有的信息与自己最初分类的范畴的一致性进行检验。"那个人说的是日语，应该是日本人。"这种情况被认为是"范畴化的确认"，即图 2 中 b 所示的内容。当人们所获取的信息在进行初期范畴化时得不到足够解读的情况下，就需要与其他范畴进行核对（再次范畴化）。

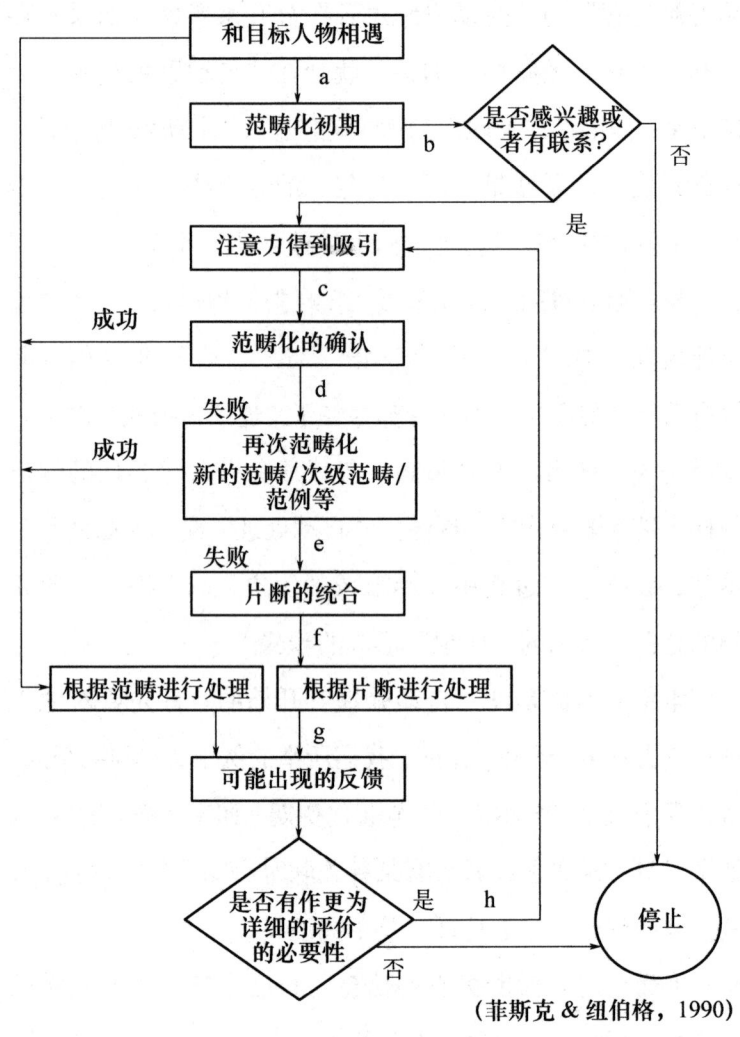

(菲斯克 & 纽伯格，1990)

图2　"印象"形成的步骤

虽然最初对那个人的印象是"日本人"，然而，在看到别人用日语跟他打招呼时，他的脸上露出了困惑的神情。

这种情况下，你有可能会觉得"那个人可能不是日本人，也许是中国人"。在"范畴化的确认"不一致时，也就是图2中d所示的内容。在"再次范畴化"阶段，将会检讨与其他范畴的适配性问题。

请看图2的"再次范畴化"部分。这里出现了"中国人"这个概念，这是一个"新范畴"。另外，那个听不懂日语的人，也可能"虽然是日本人，但是那种长期在海外生活的归国子女"。这个"归国子女"的概念就成了"次级范畴"。或者，那个"日本人"可能"像我的某个朋友，觉得回应别人是件麻烦的事，因而故意装作不懂日语的样子"。

如果"再次范畴化"不能顺利进行的话（如图2中e所示），就要对对方的特征进行逐个分析，将所得到的信息统合起来。根据统合所得到的信息，进一步分析处理对方的情绪、认知以及行动的倾向（根据片段信息进行处理，如图2中f所示），再作为回应表达出来（可能出现的反馈，如图2中g所示）。

如果需要对对方进行更多的详细评价，就要再一次收集对方的信息（如图2中h所示）。然后把前面的步骤重复一次，来逐渐梳理对那个人的"印象"。

"双过程模式"与"连续体模式"的差异

以上，我们介绍了"双过程模式"与"连续体模式"。这里将对它们两者之间的差异做一些说明。在这两个模式中,除了前面所介绍过的"两个过程"（分开思考或连续思考）

思考方式的差异之外，还有一些其他的差异。

例如，在"双过程模式"中假设了许多规则。

让我们再来看一下图1吧。把有业务往来的公司A的负责人进行了"个人化"处理，考虑那个负责人与个人是否有关联。

可是，当把A公司的前台服务进行"个别化"处理时，就会考虑是否与"前台服务员"这个范畴一致。也就是说，在"个人化"与"个别化"的过程中，采用模式的形式设定了不同的规则。而在与之相对应的"连续体模式"中只设定了一个规则。

这个规则就是：与对方相关的信息在多大程度上与自己所设定的范畴相匹配。再者，我们又在多大程度上希望给对方留下自己的印象呢？可以说，我们就是通过以上这些因素来确定范畴化的难易程度的。通过对图2的解析，我们就不难看出在这个模式中，形成印象的程序是周而复始的循环过程。

"连续体模式"与"双过程模式"虽然也存在着同样的差异，但它们都是将"自动思维过程"与"主动思维过程"统合在一起的。因此，人们可以灵活运用"范畴"的快速处理方式或被赋予"动机"的细致处理方式。

例如，假设由于人事调动的原因，你被安排到了新的部门。你在与新部门的上司谈话时，感受到了他和蔼的态度和真诚的语气，你自然就得出了他是个"和蔼的人"这样的结论。可是,第二天,你在开会时发现上司讲话的神情十分严厉。两相比较,你可能会觉得这个新上司并不是个"和蔼的人"。也就是说,他在会议上的表现与你之前所认知的"范畴"有了偏差。他是你的上司,要想全面了解他的性情,就必须获取更多的信息,并进行慎重的判断。这样一来,"双过程理论"就会将我们变成处理信息的"战略家"。

→行动时的"系统1"和"系统2"
——程序的模式

在我们对某个人或事物做出判断时,"自动思维过程"与"主动思维过程"各自发挥着它们的作用。若是采用了这样的思维方式,应该说,在认知人或事物时就会容易得多。然而,当我们将"自动思维"转化为"主动思维"时,往往可能出现相反的结果。

试想,我们在驾校学开车时,一边操作,脑子里一边还要想着"向左或向右拐弯之前,一定要确认后方是否有车过来,要打开转向灯,要减速"等动作要领。但当你开车熟练了之后,驾车行驶在路上,就再也不用去想这些了吧。可是,如果在电视上看到了交通事故的新闻后,再去开车时,一定会比平时更加用心去观察后方的情况。要想解释清楚这个例子,我们不必在其他方面大费周章,只要通过以下所介绍的"程序",就可以更加便利地说明上述"两个过程"。

有些专家是这样区分"两个过程"的,即将"自动的、大多是无意识的、基本上不需要计算能力的内容"称作"系统 1",而将"主动的、在信息处理方面需要进行理性分析的、包含着理性的计算要素的内容"称作"系统 2"(斯坦诺维奇 & 韦斯特,2000)。用这样一个名称,对两个系统做了如下的定义(卡尼曼,2011)。

系统 1:自动且快速的,不需要努力或是自主控制。即便需要,也只是微不足道的。

系统 2:要注意的是需要心理活动(包括复杂的计算)的努力。"系统 2"的运作经常要与像主体性、选择、专心这样的主观经验相结合(卡尼曼,2011)。

当我们睁开眼睛之后,"系统 1"就开始自主地运作了。就凭这个,我们什么也不用想,也知道去自己办公室的路该怎么走。

通常情况下,"系统 2"会在低水平的状态下运作,把从"系统 1"那里发送过来的直觉或者印象、冲动等变成确定的信息或行动,就像我们经过平时经常走的路线去办公室那样。

但是,一旦发生"系统 1"解答不了的问题时,"系统 2"就会粉墨登场,努力去寻找解决问题的答案。比如,平时去办公室总走的路线被封锁了,"系统 2"就会规划其他前往办公室的方案,做出最佳的选择。

→人们的认知只通过"自动思维过程",能否顺利地运作下去

依照功能或程序,我们把认知的过程分成"自动"和"主动"两种模式。"自动思维过程"可以快速工作,不需要太多的努力,可以认为是一个轻松的方法。依据模式或范畴将对方或对象做出分类,如果它们与其他信息能够得到完美印证,就可以停止信息处理。或者,当"系统1"能够顺利解决问题,就没必要启动"系统2"了。不过,如果所有的问题都想依靠"自动思维过程"(即"系统1")来解决的话是困难的,是不现实的。

另外,"自动思维过程"有时候会衍生出"偏差"(详细内容将会在后面解释)。所谓的"偏差"是指在特殊状况下引起的系统错误。几乎所有人都有过这样的经历。

大家也都曾经有过这样的经验吧?例如,"要谨慎地修改答案","要在仔细考虑过之后再去选择相处的对象",等等。总是在相同地方出错的算术题,以及总是喜欢同一种类型的人以致恋爱总是失败——这些现象的反复出现,就是人们受到上述"偏差"影响的结果。

第二章 一种被称为"偏差"的惯性思维

→首先，让我们来了解一下何为"偏差"

说到"偏差（bias）"，人们也许马上就会联想起手工艺材料"biastape"这个词语。所谓"biastape"，是指沿着布料纹理的45°角进行裁剪。认知中所说的"偏差（bias）"，借用了"biastape"当中"倾斜"这个概念，表述"偏向一方"这层含义。被称作"偏差"的"惯性思维"包含着许多类型。

在第二编中，笔者将就有关对别人的印象中的"确认偏差""晕轮效应"和"SIB效应"概念进行说明。在第三编中，笔者将对有关自我印象中的"自我评价维持理论"等概念进行阐述。在第四编中，笔者将对有关团体印象中的"模式化观念（刻板印象）"以及其所产生的影响进行详细阐释。

在这里，笔者就影响判断的"惯性思维"列举以下三点进行说明：

①在"原因归属"过程中所产生的偏差。

②在"预测未来"或和"回忆过去"时所产生的偏差。

③在"团体范畴"条件下所产生的偏差（的一部分）。

为了阐述以上各点，我们必须采用心理学上的理论或者模式。那是因为在我们的认知过程中，不可能会毫无来由地突然出现"惯性思维"。也就是说，那种被称作"偏差"的现象的出现，一定是有原因的，也是具有意义的。我们还是应该在理解上述概念的基础上，去思考那些常常发生在我们身上的"惯性思维"。

本章的内容会有一些晦涩。如果你觉得特别难懂，也可以把这一章放到第四章之后去阅读。同时，我们该如何去面对这样的"惯性思维"，笔者将会在之后的第五章中进行阐述。

→ "惯性思维"会给人们的判断带来哪些影响

（一）在"原因归属"过程中出现的偏差

我们把推断事情发生的原因叫作"归属"。人们通常会对他人的行为进行"归属"。

比如，在拥挤的电车中，某个人想给别人让座，人们会根据这个人的行为认定他是个"善良的人"。这时，人们就会把"让座"的行为归属于"善良"这个特征之上。

类似以上的"原因归属"是怎样得到的呢？就这个过程而言，我们将进行多方面的探讨。在这里，我们所关注的是通过"行为"来推断"特征"，并结合信息处理的程序，为读者介绍两种模式，即"双阶段模式（特罗普，1986）"和"三阶段模式（吉尔伯特等，1988）"（如图3）。同时，我们可以设想一下，无论哪种模式都需要经过"自动思维过程"与"主动思维过程"这两个过程。

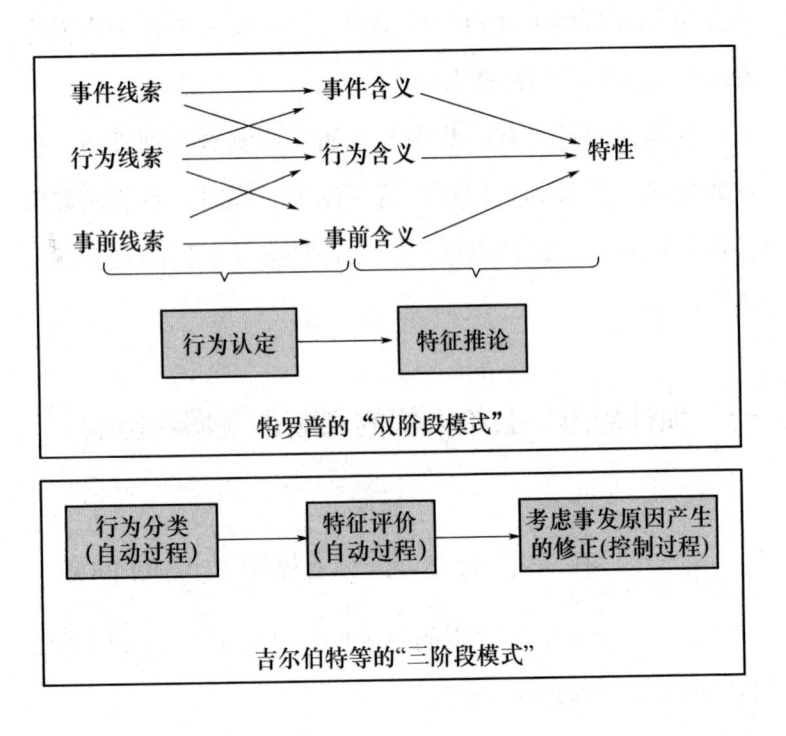

图3 特征推论过程的阶段模式

特征推论的"双阶段模式"

——皱眉的上司是个什么样的人？

首先让我们来看一下"双阶段模式"。这里所说的"双阶段"是指在"归属"过程中的"行为认定"与"特征推论"两个阶段。

请看图3上面的表(特罗普的双阶段模式),在前面的"行为认定"阶段,是根据"事件线索""行为线索""事前线索"来进行行为认定的。

首先,笔者列举一个"行为线索"信息的例子——虽说这个例子不那么令人愉快——让我们来想象一下"上司皱眉"这个情景吧。

上司的行为(表情)是受"事件线索"信息与"事前线索"信息影响的。例如,我是他的下属,或许是因为我提交的文件错误很多而惹上司生气了,也可能不是("事件线索"的信息)。又或许是上司平时就是个爱生气的人,也或许不是("事前线索"的信息),等等。

当然,给上司看错误百出的文件,肯定会惹上司生气。如果那是个平时爱生气的上司,那么,他今天必定也会生气。如此,把上司"皱眉头"的行为认定为"生气",就是"行为认定"阶段。

第二个是"特征推论"阶段。在这个阶段,人们运用刚才"行为认定"阶段的材料(即上司生气),从"事件线索"中推测这种情况的意义,进而引出主动思维过程。如果上司是因为"看了错误百出的文件"而生气的,那么,可以认为,上司在这种情况下生气是理所当然的。处于这种情况下,我们不能根据"生气"这个行为,就推断上司是个"易怒的人"。

"事件线索"(错误百出的文件)是"行为认定"阶段中"生气"这一状况的支撑材料。但是在"特征推论"阶段中,"事件线索"(错误百出的文件)则成为推断上司是一个"易怒的人"的反面佐证。

由此可见,促成一种行为发生的"事件线索",在"行为认定"阶段与"特征推论"阶段所起的作用恰巧是相反的。

在这个模式中,"行为认定"阶段不需要"认知资源",可以认为这是一个"自动思维过程"。所谓"认知资源",就是帮助人们思考进而做出判断时所需要的素材。

"自动思维过程"在不需要使用这些资源的情况下,也能知道对方在生气。提交给经常生气的上司错误百出的文件,看到上司紧皱着眉头,在这样一个场景下不用多想就能知道上司"生气"了。

可是,在推断上司是否是个"易怒的人"时,单凭这一点证据是不充分的,必须要考虑其他因素的影响。这样一来,我们就需要使用"认知资源"。因此,我们可以认为"特征推论"是一个"主动思维过程"。

特征推论过程的"三阶段模式"

——把文件弄得乱七八糟的客户公司销售负责人是一个什么样的人?

现在我们再介绍另外一个模式,即"三阶段模式"。"三阶段模式"与以上介绍的"双阶段模式"相同，只是把"归属过程"分为三个阶段。

可以认为，在"三阶段模式"中，是根据"行为分类"阶段、"特征评价"阶段、"考虑事发原因产生的修正"阶段而形成的归属过程。下面我们就每个阶段分别进行说明。首先，让我们来看图3所示的三阶段模式。

第一，所谓"行为分类"阶段，就是在思考他人行为意义的基础上进行分类的阶段。

设想与客户公司的销售负责人第一次会面。对方的销售负责人从公文包里往外拿文件时，结果将文件散落一地。在这种情况下，可以把他的行为归类于"慌张"。

第二，所谓"特征评价"阶段，就是将"行为"与"特征"进行关联的阶段。从"慌张"的行为中可以认为那个负责人是一个"容易紧张"的人。

以上所述，不需要"认知资源"的自动认知过程。这种模式的主旨是，我们通过可能观察到的行为，能够立刻将这个人的性格特征转化对他的印象。

这时，当我们考虑到对方是客户公司刚刚招聘的员工时，就会根据"考虑事发原因产生的修正"这个阶段的要求，考虑到对方的紧张是"还没有习惯销售这份工作"的缘故，就会对其之前的"容易紧张"的评价进行修正，达到减弱这种评价的效果。

不过，这个阶段是一个必须利用"认知资源"的"主动认知过程"。因此，我们虽然也需要考虑其他因素，但若是"认知资源"不够充分的话，系统是无法进行修正的。同时，即便能够做出某些修正，但这种"修正"的程度也是不能满足要求的。

下面，让我们来看一看与刚才所介绍的"双阶段模式"的不同之处。在"双阶段模式"中，把"事件线索"的影响设定为"自动认知过程"。在论述这个问题时，我们将文件出现错误这个因素，作为上司生气的"行为认定"的一个依据。

另外，我们认为，在"三阶段模式"中，人们观察他人的行为并对其进行归类，就能够推断出"自动的特性"。也就是说，在自动认知过程的"特征评价"阶段，暂不考虑出现的状况因素。而在事情发生之后的主动认知过程中，进行"考虑事发原因产生的修正"（减弱或增强）。

上面，列举了把文件弄得乱七八糟的负责人的例子。我们是将该负责人是新入职的职员这个特征，放在"特征推论"的最后来考虑的。

以上，我们论述了通过一个人的行为来推断他的特性的"归属过程"。在所介绍的两个模式中，无论在哪一个模式的处理过程中，都包含着自动认知的阶段。

在"自动认知过程"的阶段中，正是由于对某些信息的快速处理，所以，可能会在大致"特征推论"时容易出现错误和偏差。下面，笔者介绍其中的几种情况——

（1）基本的归属错误

——"在工作中出现失误的部下"与"作为上司看待这个失误"的分歧

将他人行为的原因，过度地与那个人内在的特征、想法、能力等因素联系起来的现象被称为"基本的归属错误（希瑟，1958）"或"相对应的偏差（琼斯 & 戴维斯，1965）"。

如果部下出现了工作上的失误，你作为他的上司，会怎么看待出现失误的原因？除了会考虑合理客观因素，还可能会认为部下工作态度不认真，或者会觉得部下的能力低。

这样一来，就将部下工作的失误完全归结于他个人的责任。也许，他的错误是由于上司工作的指导方式不合理所造成的（也就是上司自身的失误）。但是，人们往往很难往这方面去考虑。

有关"基本的归属错误"的研究，我们明确了容易发生错误与不容易发生错误这两种情况。

例如：当观察他人行为带有过多的感情色彩时，往往就容易发生判断错误（福加斯，1998）。不加深究，想当然地将部下失败的原因归结于他本人。

当认为他人的行为存有其他因素影响时，就不容易发生判断的错误（费恩等，1990）。例如，如果部下对于你的话能够保持步调一致，那么，就可以认为部下是赞同你的话的。但是，当你发现部下与你的"步调一致"是出于奉承，那么，你就不会将部下的"行为（步调一致）"与"态度（赞成）"联系在一起。

（2）行为者—观察者效应

——"在工作中出现失误的部下"与"上司如何看待这个失误"之间的分歧

如上所述，我们很容易根据一个人的"特征"来判断一个人的行为。另一方面，人们经常把自己的行为的责任归于出现的"状况"。

站在与上述论述相反的立场去考虑。站在工作出现了失误的部下的立场上来看，往往会将责任归结于上司工作分配不均，使自己比同事承担了更多的工作，或是上司指导工作的方式难以理解之类。可是，如果站在上司的立场上来看，往往会认为是部下工作不够努力、工作能力不够等原因导致的。

如此，行为者（部下）与观察者（上司）之间所发生的责任归属分歧称之为"行为者—观察者效应"（琼斯&尼斯贝特，1987）。如果这种现象发生在现实的职场中，部下与上司之间的关系就难以调和。

但是，对于这种现象进行研究的173项研究成果统筹分析（元分析[1]）报告认为，行为者与观察者之间产生的归

---

[1] 元分析（meta-analysis）：统计方法，是对众多现有实证文献的再次统计，利用相应的统计公式，通过对相关文献中的统计指标进行再一次的统计分析，然后根据获得的统计显著性等来分析两个变量间真实的关系。

属分歧并没有那么大。而且，报告还指出，这种分歧在消极的事情中产生，在积极的事情中不容易出现。

所以，分析"行为者—观察者效应"时，最好是以自身在工作中出现的失误这样的事情为分析对象。那是因为，尤其是在消极的事情发生的情况下，人们总是喜欢将自身的责任归结于客观原因。这一点与下面要介绍的"自我服务偏差（自利性偏差）"有着很紧密的关系。

（3）自我服务偏差（自利性偏差）

——以团队形式把事情做成功的情况

在失败时，人们总是习惯于将失败的原因归咎于客观因素。与之相反，在成功时，却又总是喜欢将成功的原因归功于自己。如上这种总是将事情的结局向着对自己有利的方面倾斜的现象，就叫"自我服务偏差（自利性偏差）"（米勒 & 罗斯，1975）。工作的失败是由于上司的指示难以理解，而工作的成就则是因为自己的努力和能力……这是部下们普遍的想法。

"自利性偏差"的问题，大多会出现在与同事进行团队协作的时候。当工作取得成绩时，双方都会将功劳归属于自己，都会认为自己比对方做出的贡献更大。

如此，一伙人合作做成的事情，自己将超出实际情况的功劳估算到自己的头上，这种现象就叫作"以自我为中心的偏差"（罗斯 & 西科利，1979）。相反，如果失败了，两个人都会将责任归咎于客观原因，会将责任更多地推给对方。

如果这种现象在职场上发生，当事人会认为自己虽然比同事做了更多的贡献，但是却没有得到合理的评价。在失败的时候也会认为应该是同事的责任却把自己卷入其中。这就会与同事处不好关系，也会对上司和周围的人产生不满情绪。

（二）"预测将来"与"回忆过去"出现的偏差

（1）一定会顺利的

——预测将来

人们通常会乐观地高估自己的特征与能力（泰勒＆布朗，1998）。关于这种积极的自我意识，将在第三编进行详细说明。由此延伸出来的现象之一，就是乐观估计发生在自己身上的积极的事情。

人们都会产生对自身有利的因果理论，再找出与那个理论一致的证据。如此反复数次，就会自然而然地产生这样乐观的信念，即发生在自己身上的事件都是积极的，而消极的事件则不会发生在自己身上。这样的倾向，是受动机引导而发生的"认知过程"（昆达，1987）。

就乐观信念而言，也有它好的一面（这一点确实得到了证实。作者将在第五编中做出详细的说明）。

但是，一味地抱着这种乐观信念，也有对我们产生不良影响的时候。比如，如果我们总是觉得自己不会生病，那么，就不会注意养成良好的生活习惯。再比如，如果我们总是觉得自己不可能遇到犯罪事件，那么，就会缺乏防范犯罪的意识。总之，我们主观上总是认为自己"没问题"，而现实却并非如此。

（2）总觉得还有很多时间
——计划错误

对将来的乐观估计表现之一，就是缩短做一件事情所需要的时间。这个现象被称作"计划错误"（比勒等，1994）。

在两周内必须完成对 A 客户公司和 B 客户公司的提案书。这时，我们一般会认为每个提案书用一周的时间足够了，本周只做 A 客户公司的文件吧。可是，一周过去了，A 客户公司的提案书根本就没有完成，而 B 客户公司的提案书就更是没有着手准备。

有类似经历的人大概不在少数吧。学生时代的考前复习也一样，两个月前应准备的文件也是一样，本应更提前准备的事情却没有去做。但我们并不经常去总结类似的经验教训——这就是我们所说的"乐观性"在作祟。

（3）从开始我就认为会是这样的结局
——回忆过去

人们不只对"将来的预测"会出现偏差，就连对"过去的解释"也会出现问题。其中，当事情的结果明朗之后，人们往往会觉得其实自己在结果还没有出来之前，就预料到会是这种结果。类似这种"早就知道会这样"（"Knew it all" attitude）的现象（菲斯霍夫 & 贝恩，1975），也被称之为"后视效果"（即"后见之明"）（克里斯滕森 – 萨兰斯基 & 威尔汉姆，1991）。

事情的结果变得明朗之后，我们便会认为自己早就预料到了那个结果。比如，在由 A、B、C、D、E 五位设计师参加的比赛中，听说采用了 A 的计划。于是，有人自言自语地嘀咕："从一开始我就猜到会选用 A 的计划。"这种现象就属于上述类型。即便事先的预测出了偏差，他们也会产生记忆扭曲，仍认为自己早就预料到事情的结果。

但是，根据对这个现象进行的 122 个实验结果进行统合分析所得出来的结论，这种效果并不那么明显（克里斯滕森 – 萨兰斯基 & 威尔汉姆，1991）。在不同的状况下，也会出现混淆的情形。就"后视效果"的效应来说，那些还没有发生的事情会比已经发生的事情产生的效应要小得多。

另外，实际经历过的事情（比如，在比赛中见过一个队伍输球，知道它是弱旅），要比还没有经历过的事情效应小得多。再者，对于某些事物有知识储备时（比如医生在治病问诊时），要比没有相关知识储备的效应小得多。

上述结果的出现，与其说这种现象是受动机因素的影响，倒不如说它是在提示人们，之所以产生这样的结果，是由于受认知因素的影响。"我早就知道会出现这样的结果",虽然,我们可以认为这个人对自己优秀的预判能力特别自信(动机的结果),但也可以认为他是忘记了自己之前预测的结果(认知的结果)。

(三)在有"团体"类别情况下的偏差

在这里,介绍一下有关"团体统一性"的理论与"团体分类化"相结合所带来的偏差(如上所述,有关"团体"印象的其他事项,作者将在第四编做详细介绍)。

(1)是我们,还是我们以外的
——团体分类化

将包括自己在内的几个人分成两个团体进行体育比赛。通过抽签进行分组,这样便形成了己方的团体与对方的团体。这就是所谓的"团体分类"。己方团体的成员为"团体内部成员",而对方团体的成员则称之为"团体外部成员"。

类似这样进行团体分类,就会认识到团体内部成员的相似性,既会觉得对方团体的成员都很相似,也会觉得己方团体的成员在重要的方面也都有相似之处。同时,也会认识到团体间的差异性,即认识到己方团体的成员与对方团体的成员是不同的。

社会的统一理论就是研究这种团体分类化过程中所产生的"团体内部的类似性"与"团体之间的差异性"的认知的一种学说(塔吉费尔 & 特纳,1979)。我们认为,在这个理论体系中,即使是以抽签的形式划分的团体,或者是采用随机形式组成的团体,也会产生"本团体"与"他团体"的认知。

(2)我属于哪里?我是谁?

——自我分类

"团体分类化"是由社会统一性产生的,并非仅仅产生对各个团体认识上的差异。如果我们认知到了"团体内部"的统一性,作为团体内部成员就会做出适合于团体或被团体所期待的事情。同时,这样的行为就会逐渐变成一种规范,就会成为团体的基本制度。这就是"自我分类化理论"的要旨所在(特纳,1987)。

在该"团体分类化"理论中,还涉及自己是属于哪个团体的问题。在现实社会中,我们往往不只属于某一个团体,而是属于几个或者更多的社会团体。

比如,站在包括你上司在内的公司经营者的角度来看,你是他们的下属之一,而在A客户公司来看,你是属于B公司的职员。在周末的网球俱乐部活动时,你又成了双人C组的成员。分类有很多,根据情况的不同,自己分类所属的团体也在发生着变化。在跟别的组进行比赛时,你会把自己分类在"C组"。这时,人们一般不会把自己分类成谁的下属或者是B公司的职员吧。

(3)总想使自己所在团体赢

——偏袒自己所在的团体

当我们进行团体的区分时,我们必然会考虑自己是属于哪个团体。因此，在我们进行资源分配时，也会出现"本团体"与"他团体"之间的巨大差异（会给"本团体"分配更多的资源）（塔吉费尔等，1971）。

例如，当我们将办公室分成自己团体用房与其他团体用房时，一定会给自己的团体分配更大一些的办公空间。分配办公空间时，无论是抽签决定，还是采用其他任何方式，人们都会做出同样的事情。

如上所述，人们在做团体区分时，就会出现"偏袒所在团体"的现象，尤其是当人们对自己所在团体的成员抱有好感，或是感觉到自己所在团体的重要性的时候，这种倾向就会变得愈加强烈。例如，自己所在团体是少数派，或者是自己所在团体到现在为止所存在的优势即将被逆转的情况时，这种状况就会变得愈加强烈。

（4）对方团体的成员都是一样性格的人
——团体的均质性

如上所述，一个团体内部的成员会被认为有很高的相似性。同样，在看待同一个团体内部的成员时，总觉得他们有着许多的共同点。

在有些情况下，也会感觉到"他团体"比"本团体"的多样性要低（奎特隆＆琼斯，1980）。也就是说，己方团体里各种各样特长的成员都有，而对方团体的成员看起来都那么平庸，这就叫作"他团体均质性效果"。由于这个"效果"的存在，常常导致对"他团体"形成刻板的看法。

（5）拖后腿的成员
——黑羊效应

我们对于本团体中的均质性问题也有切肤之感，有时也会对那些自己不喜欢的成员进行差评，目的是去除不适合本团体的成员。

为了保证本团体的优质性，我们会将本团体与他团体成员进行比较，并且给予"本团体中的劣势成员"比"他团体中的劣势成员"更差的评价，这就叫作"黑羊效应"（马尔库斯等，1988）。

一旦出现了"拖本团体后腿"的情况，我们就会给予造成这种后果的成员否定的评价。

以上，我们介绍了几种"惯性思维"的形式。也许你已经察觉到了，我们没有将这些现象定义为"偏差"，而是将其称之为"效果"。这是因为在研究者的论文与书籍中是用"effect"表述的，翻译过来即是"效果"的意思。

汉字中的"效果"，在语感中大概也有类似于"功效"的意思。就汉语的词义而言，"惯性思维"与对判断产生的"影响"也很相近。无论如何，"偏差"是个带有消极情绪的词语，不能总括这些现象。

还是让我们来说前面提到过的话题吧。在这本书中，我们最终选择了"惯性思维"这个词语，想必大家是能够接受的吧？不过，你可能并不认为自己身上也存在着类似的"惯性"吧。

也有人认为,"虽然自己身上存在着这样的'惯性思维',但别人身上的这种'惯性思维'要更严重一些(他也许还能举出具体的人,比如自己的上司等)"。如果真这样想的话,这种思维方式本身不就是受到了"惯性"的影响吗?我们本身就容易做出"别人比自己更容易受到'偏差'作用的影响"这样的判断。而这种想法本身就是"惯性思维"的一种表现。

第二编
对"别人"的印象是怎样形成的

第三章　你能"看懂别人"吗

→对人的认知容易受"确认偏差"的影响

问：你认为自己是个能"看懂别人"的人吗？

答：1. 完全看不懂。

2. 基本上看不懂。

3. 不太看得懂。

4. 能看懂一些。

5. 大致能看懂。

6. 完全能看懂。

就这个问题而言，可以说没有标准答案。如果你曾经思考过这一问题，并且也知道自己对"他人"的了解程度就足够了。

也许，在阅读本书的第一编之前，有些读者可能会做出别的选择。现在，通过介绍几种人们所共有的"惯性思维"，能够帮助我们进行更加符合逻辑的思考，避免我们在分析他人失败的原因时，容易出现"这是他本人的错误"，"我们的团体比他们的团体优秀"等倾向。但是如此一来，也可能会有些动摇我们能够"看懂别人"的自信吧。

在本编中，笔者将就同样是"惯性思维"的、对人认知中的"确认偏差"进行说明。

所谓"确认偏差"，是指人们对一件事情进行认知时，会去搜索那些与自己的"信念""期待"或者"假设"一致的信息来解读（尼克森，1998）。记忆也会受到"信念"或者"期待"的影响（科斯塔维莱 & 马登，2019）。

也就是说，一旦认为"那个人是个××样的人"的话，就会从自己所掌握的所有有关那个人的信息中搜索与这个"信念"一致的信息。这样一来，人们就会按照自己的"信念"去解读那个人行为的含义，同时也只去记住那些与自己的"信念"一致的内容，即人们为了证明自己的"信念"的正确性，就会围绕这个"信念"去收集证据。

由于"确认偏差"会给信息处理的各个阶段带来影响，所以，我们总是会抱着一种错误的感觉，那就是不断对自己"信念"的正确性进行强化。这样，就会使得自己的"信念"变得越来越坚定。

我们本应搜索与"信念"不一致的证据（反面证据），用以检验我们的"信念"正确与否，但事实证明，我们在主观上很难做到这一点。

接下来，让我们用社会心理学的研究成果，探讨在"探索信息""记忆""解读""预测"等信息处理阶段，我们是如何确认自己的"信念"的。

同时，在介绍上述各项研究之前，请允许我先简单阐释一下社会心理学研究的方式。

本书介绍的研究大多采用"实验"的方式进行。参加实验的人被称为"参加者"。很多时候参加者在参加某个课题时并不清楚真正的研究目的是什么。根据研究需要，把课题设计成几种不同的方式进行，由参加者根据自己的意愿自由选择。

假设参加实验为100人，课题有A和B两种方式可以做。实验时，让50个人按A方式来做，让其余的50人按B方式来做。同时，不让参加者们知道这个课题是分A与B两种方式进行的。因为，让参加者知道实情的话，就会对实验结果产生影响。

然而，如果觉得所产生的影响不太大的话，有时也会让一个参加者同时体验A和B两种方式。这时，参与A与B实验的人员数据便都成了100人。无论在什么情况下——在做课题当中也好，或是在做完课题之后，都必须对参加者的态度、行为进行观察与测定，以探索在A与B这两种不同的方式中存在什么样的差异。

以上列举的是最简单的研究设计方案。而实际上，更多的实验程序要更为复杂。那也许是由于人们尽可能地将实验贴近日常生活状态来进行的缘故吧。本书在阐释这些问题时，会稍微省略掉一些程序。

那么，就让我们以人事部门进行面试的场景为例，来观察信息处理时出现的"确认偏差"的顺序吧。

→希望能发现什么呢
——"探索信息"的阶段

我想大多数读者都有入学考试或求职的经验吧。有些读者甚至还是企业的入职考试或面试等环节的负责人吧。

在一般的企业的录用遴选流程中，通过填写报名登记表、笔试、小组讨论、面试等环节来进行审查。通过多种途径，可以从各个层面了解应聘者的能力、技能、职业观、职业态度等信息。很多企业甚至会进行多轮面试来作为遴选应聘者的重要方式。

有时，面试官还会一边翻阅应聘者提交的简历、笔试结果等资料，一边面试。但是，如果在翻阅资料的过程中，对应聘者预先形成了一种印象的话，就很有可能对面试过程的提问环节产生影响。即会通过提问来印证自己印象的正确性。下面就让我们来介绍上述确认"信息探索"的研究，在本实验中希望读者能够站在"参加者"的角度解读。

在这项研究中，请实验的参加者向两个人就特定的社会问题进行提问，从而调查他们所持的态度。实验时，限定参加者向这两个人提出五个问题，并且要求目标人物只能以"是"或"否"来作答,提前告知参加者不要去问这两个人对这些问题所持的态度。

如果将这个实验看作是一个面试过程的话,那么,参加者就是面试官,而这两个人可视为应聘者。面试中,面试官(参加者)只能问五个问题,而这五个问题还必须分配给两位应聘者。

应聘者之一是素食主义者,而另一个应聘者是影视制片人。事先已经把两个应聘者的信息给了参加者(面试官)。实验中出现了很多种情景,下面列举其中的一个例子。

这种情况下,很明显参加者(面试官)该问的问题是:"您是否反对为了得到毛皮而屠杀动物(家畜)?""您是否反对政府对影视作品进行审查?"根据事先对其他参加者进行的调查,可以确定素食主义者被认为一定是反对"屠杀动物"的,而影视制片人则被认为一定是反对"政府审查"的。

就参加者提出问题的数量来进行分析,在对待"屠杀动物"的态度方面,与素食主义者相比,反倒问了影视制片人更多的相关问题。再者,在对待"政府审查"的态度方面,与影视制片人相比,则是问了素食主义者更多相关的问题。这是因为,我们在事先对参加者进行的测试中,已经推断出这两个人的态度,所以就没有必要再去探索更多的信息。

在下一项研究中,要求参加者对每一位目标人物都提出两个问题。分析问题的内容，我们了解到，有许多都是根据这两个人的信息进而推断出他们的态度（观点）的。

一旦我们明确了自己的"信念"，并且有机会收集证据的话，我们便会寻找证据来证明"信念"的正确性。

接下来，我们把参加者（面试官）与那两个人（应聘者）调换一下位置，而让参加者作为应聘者，那两个人则作为面试官。

如果我们将应聘者是"团体运动项目的队长"这条信息事先透露给面试官，应聘者的这条信息会让面试官产生"外向性格"的印象。面试官会认为应聘者在很多情况下会具有外向性格的表现，面试时很可能便不会再问应聘者关于外向性格的问题了。如果问也只会问类似于"你擅长与别人交流吗？"这类确认性质的问题。

→容易在哪方面形成记忆呢
——"记忆符号化"的阶段

我们的大脑要记忆与储存各种信息，以便必要时提取这些信息，帮助我们做出种种判断。让我们来思考一下，在信息的"形成记忆阶段"（符号化）与"提取记忆阶段"（检索）中，"信念"是如何被确认的？

在与刚才相同的面试场景下，面试官手握应聘者的众多信息。相对于那些不能支持自己"信念"的信息来说，面试官更容易记住那些能够支持自己"信念"的信息。接下来介绍与此相关的"选择性符号化"的研究（莱恩等，2001）。

这项研究是让参加者们记住分别含有 75 个不同单词的单词表。实际上，一半的参加者所要记住的单词中有 15 个与男性职业相关（如"士兵""法官"）的单词，剩下一半的参加者要记住的单词中有 15 个与女性职业相关（如"秘书""护士"）的单词。

在让参加者看过一遍单词表之后，让他们做了三分钟与单词表不相关的事情。

之后，再给他们看含有 46 个单词的新单词表。这时，询问他们新单词表中是否有刚才单词表中出现的单词？实际上，给他们看的新单词表中有 10 个单词在最初的单词表中出现过，而剩余的 36 个单词则是全新的。全新的单词中也包含着与男性职业相关或与女性职业相关的单词（如"图书管理员"等）。

在参加者的答案中我们知道，回答"有"的参加者占比很高。

但我们也发现了一些问题：一些与性别相关的职业的单词，虽然没有出现在最初的单词表中，参加者却仍然回答说"有"。例如，需要记忆那些包含女性职业的单词表的参加者中，就有人把最初的单词表中没有出现的"图书管理员"，错误回答成了"有"。

这就是说，我们在记东西的时候，总是不由自主地去记那些与自己的"信念"相符合的东西，以至于把本来不存在的东西也记住了。

回到刚才那个将参加者与应聘者对调的例子上来。在"团体运动项目的队长"的应聘者面前，面试官很可能对应聘者身上那些符合"外向性格"的东西形成鲜明的记忆。即便应聘者在面试过程中没有表现出某些行为，却因为对"外向性格"这一固有印象，就很可能会让你误认为应聘者出现过某些行为。

例如，对社会活动有关的提问，当应聘者回答说"有参加志愿者活动的经验"时，那么，面试官回想应聘者的这个回答时，也许会产生他曾经参加过"与很多人相互协助"的志愿者活动这样的记忆，但也许该应聘者所参加的志愿者活动是只需要他一个人就能完成的工作。所以，这便是由"外向性格"这一印象所想象出来的。

→回忆什么呢
——"探索记忆"的阶段

前面我们阐释了在记忆的过程中，所接受的信息有可能影响我们记忆的形成。但实际上，对于已经形成的记忆来说，后来的信息也会对其产生影响。下面就来介绍与之相关的研究（斯奈德＆乌拉诺维茨，1978）。

在这项研究的参加者中，有位名叫贝蒂的女士曾经写过一篇文章。这项研究要求通过阅读她的文章来回答对她的印象。这篇文章所写的是贝蒂从出生到选择职业的故事。故事中有这样的内容——

高中时，她虽然没有特定的男朋友，但是常常出去约会。

让参加者阅读了此文后，告诉他们这位女性是"同性恋"或"异性恋"。同时，也有部分参加者没有得到这个信息。

时隔一周之后，再次请求参加者协助，让其通过回忆来回答与文章相关的问题，并从以下四个选项中选出认为正确的那一项。问题及选项是——

上高中时，贝蒂是——
A. 偶尔与男性约会
B. 没有与男性约会
C. 与特定的对象约会
D. 没有提供信息

通过分析测试的结果，我们得知，与事先被告知贝蒂是"异性恋"的参加者以及什么也没有被告知的参加者相比，那些事先被告知贝蒂是"同性恋"的参加者们一致选择了与"同性恋"印象相符的选项。

研究表明，即便是在读完文章的一周之后进行测试，在测试开始前的那一刻告诉参加者们贝蒂是"同性恋"或"异性恋"所给出的答案与阅读之后立刻告诉贝蒂是"同性恋"或"异性恋"在测试时所得出的答案相同。

这就是说，无论是刚形成记忆之后，还是在进行回忆之前，记忆都会根据所接受到的信息进行再架构。

毋庸置疑，人们会回忆出符合自己"信念"的东西。

假设面试官在结束面试后，在应聘者的简历上发现这个人是"团队运动项目的队长"的话，那么，面试官在回忆应聘者在面试中的行为时，就会有意识地往"运动健将"上面靠。面试官的脑海里甚至都会凭空浮现出应聘者一些在面试时没有发生过的事情，以印证自己对应聘者"运动健将"的印象。

→解读出了什么
——"解释"的阶段

如果一次要面试很多个应聘者的话，面试官就不能在一个人的身上花费太多的时间，需要在短时间内了解应聘者。这时，面试官很可能就会依照自己的印象来解释应聘者的言行举止。那么，下面就来介绍与"解释"相关的研究。

在此研究中，我们让参加者观看了视频资料。在观看视频资料前，先向参加者进行如下说明。这个视频是以前研究社会的相互作用时录制的,虽然视频中出现的目标人物与对方是第一次见面,但实际上,对方是为了协助完成研究工作而经过训练的合作者。

实际上,这批视频一共有8个。我们从中任意选出一个让参加者观看。如何根据参加者的条件,分配给他们观看相应的视频,请参照图4所示。

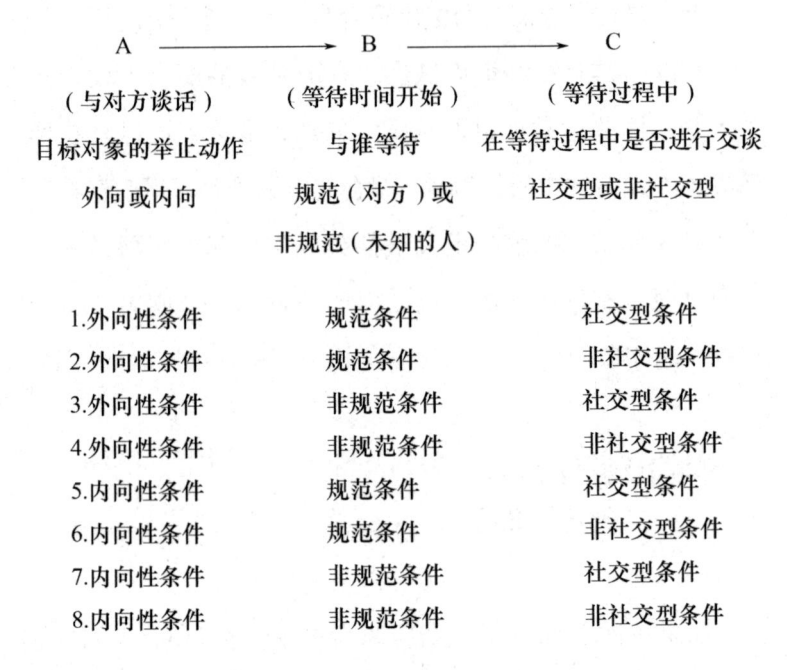

A	B	C
(与对方谈话)	(等待时间开始)	(等待过程中)
目标对象的举止动作	与谁等待	在等待过程中是否进行交谈
外向或内向	规范(对方)或非规范(未知的人)	社交型或非社交型
1.外向性条件	规范条件	社交型条件
2.外向性条件	规范条件	非社交型条件
3.外向性条件	非规范条件	社交型条件
4.外向性条件	非规范条件	非社交型条件
5.内向性条件	规范条件	社交型条件
6.内向性条件	规范条件	非社交型条件
7.内向性条件	非规范条件	社交型条件
8.内向性条件	非规范条件	非社交型条件

图4 在实验中用到的影像

这项研究所用的视频分为A、B、C三部分。下面,让我们逐个介绍这些视频。

(1)A部分。这个视频展示了目标人物在实验室工作时的状态。这时,半数的参加者所看到的是目标人物与对方接触时,所表现出来的"外向性格"的举动和谈吐(外向性条件)。剩下的一半参加者所看到的是目标人物与对方接触时,所表现出来的"内向性格"的举动和谈吐(内向性条件)。

(2) B部分。这个视频展示的是从实验室出来的目标人物的状态。这时,半数的参加者所看到的是目标人物与对方同时从实验室出来,着手做下一个实验准备的状态(规范条件)。剩下的一半参加者所看到的是目标人物一个人从实验室出来,与不认识的人(第三方)一起等待的状态(非规范条件)。

(3) C部分。这个视频展示的是在等待做实验时目标人物的状态。这时,半数的参加者所看到的是目标人物与一起等待的人交谈的状态(社交型条件),而另外一半参加者所看到的是两个人沉默的状态(非社交型条件)。

为什么将B部分当中目标人物与对方一起等待称为"规范条件"呢?那是因为通常情况下,两个相识的人一边等待一边交谈可以认为是规范的行为。

在看过视频之后,要求参加者回答为什么目标人物在等待做实验的准备期间会有那样的表现。也就是询问他们出现这种行为的原因。

在分析参加者的回答中,与考虑规范与非规范条件无关,我们认为与内向性条件相比,外向性条件会更多地展现出不符合目标人物印象的非社交行为;而与外向性条件相比，内向性条件会更多地展现出不符合目标人物印象的社交行为。同时，我们也认为外向性条件表现出与印象相符的社交行为，是由于受到其个人因素影响的缘故。而内向性条件表现出与印象相符的非社交行为，亦是由于受个人因素影响的结果。

这就是说，我们可以这样认为：在等待的时间里，外向性格的人不与一起等待的人交流，或者内向性格的人与一起等待的人产生了交流，都是特殊情况所致。而在等待的时间里，外向性格的人主动与他人交谈或者内向性格的人不与他人交谈，都是个人因素所致。

由此可见，我们都是从自己的"信念"出发去解读各种信息的。

当面试官面对曾经是"团体运动项目的队长"的应聘者所表现出的社交性的举止时，一定会认为那是应聘者本人的外向性格所致吧？

相反，如果那个应聘者的举止显得紧张的话，会认为是由于面试现场的原因而导致了他发挥失常。因此，面对应聘者这种"反常"的行为，面试官也许会认为他"今天是由于偶然因素导致的紧张。如果正常的话，他应该是个擅长社交的人"。

那么，如果面试官对其他应聘者产生了"性格内向"的印象之后，情况又会是怎样的呢？即便应聘者也同样表现出紧张，则与刚才的情形不同，面试官很可能会认为那是应聘者性格方面的缺陷所导致的。

→能预见到什么呢
——"预测"的阶段

面试的一项重要任务,应该是预测应聘者被录用之后,在实际工作中能够发挥怎样的作用吧。有关这种对"将来行为的预测",让我们继续上述研究(库利克,1983)。

参加者被要求去预测视频中出现的人物在其他状况下会有什么样的表现。所谓的"其他状况"如下——

这个人在等电梯时,遇到了一个可能是认识的人。虽然有点不确定,但仍觉得以前在哪里见过。可是,对方好像并不认识自己。

参加者需要回答这个人会不会问对方"我们之前见过吗"这个问题。

通过分析参加者的答案我们知道,在对之前行为的"原因",即视频中出现的外向的人表现出了非社交行为,而内向的人则表现出了积极的社交行为,把像这样产生与"印象"不一致的行为解释为特殊状况导致的。在参加者看来,如果有下一次的话,他们会表现出与印象相符的举动。

对C部分视频有"虽然这个人是内向性格的人,但因为同时等待的是与自己一样即将接受实验的人，所以，在等待的时间里表现出了社交性的行为"想法的参加者对刚才的问题的回答是，面对那些并不能确定是否认识的人，自己也许不会主动去询问"我们见过吗？"这个问题。

参加者预测，在等待的时间里，如果有特殊状况出现的话，视频中的人物就会表现出与"印象"不一致的行为；如果没有特殊状况的影响，则目标人物就会表现出与"印象"一致的行为。

说到底，那是因为我们都是按照自己的"信念"来预测别人的行为的。

一般来说，面试官在预测做过"团体运动项目的队长"的应聘者时，会认为他入职之后将在社交方面很活跃。而对具有内向性格印象的应聘者，因为在面试中的拘谨表现，一般会认为他们在工作中进行交流时会很吃力。也就是说，对于同样的行为，人们会按照自己的"印象"去给予不同的"解释"。更有甚者，即便有特殊状况，他们也会认为是与自己预测的"印象"一致的。

到此，我们分析了他人与社会类型相关的信息，剖析了我们如果持有某种"信念"（例如，预测"团体运动项目的队长"是外向型性格）的话，这个"信念"在处理对方信息时会产生怎样的影响。对于信息处理的各个阶段所产生的影响，可以归纳如下——

以自己的"信念"作为根据进行推测，便不会去查找更多的信息，或者只是查找与自己的"信念"相符的信息，用以确认"信念"的正确性，进而形成"记忆"。这样一来，人们便可以解释说，得到的信息是和自己的"信念"一致的，从而得出了符合自己"信念"的"预测"。

以上列举的"团体运动项目的队长"的例子，实际上在笔者所指导的学生当中就出现过类似的情况。那个学生在每一次发表论文前都会用心准备，在论述时也有深刻的见解。即使社团的训练再忙，他也会读很多的论文，并且利用从中得到的灵感来计划和开展实验。

那个学生要毕业了，到了开始应聘找工作的阶段，他告诉我说："面试时，面试官总问我一些有关竞技和团队领导经验方面的问题。"

如果在面试中问这位同学有关学习或毕业论文方面的问题的话，就会知道他对待研究的态度也是很认真的，即便在十分忙碌的情况下，他各方面的表现也都是很出色的。面试时要是能够这样做的话，不就能够从更多方面来了解这位同学了吗？

可以设想，假如面试官只问有关领导经验方面的问题，这个学生就无法主动去介绍"我虽然在竞技活动中很努力，但在学习研究方面也是很拼的"。

在面试的时候，每位应聘者都会提供大量的信息。加之应聘的人数众多，需要处理的信息很多。因此，在决定是否录用时，面试官就有可能会受到上述这种"确认偏差"

的影响。

也许诸位曾经做过与招聘工作相关的面试官,即便不是那种正式的面试,也总该有过判断他人的经验吧。那么,在此我再重复一遍本章开始时提出的问题吧。

你认为自己是个"能看懂别人"的人吗?

第四章　你能读懂"别人的情绪"吗

→人们是怎样"推断"别人心理状态的

人们都想正确地了解别人。为此，就会设法合理地研究分析对方。但是，人们在处理对方信息的过程中，无形中会受到自己固有"信念"的影响。关于这一点，我们已经在第三章中做过介绍。

那么，"别人在思考什么？他们的感觉又是怎样的？"对于这些问题，你又能正确地理解多少呢？

"推测"别人的想法或感情之类的心理状态时，考虑这些心理状态在什么场合下发生是很重要的。比如，在日常的交流中，"体察对方心情"很重要；工作中，我们领会顾客与客户公司的"意图"也至关重要。

实际上，我们从小就开始训练这种能力了。先回忆一下语文课堂和考试吧。

在做阅读理解时，"你认为××现在是什么样的心情？"

或"你觉得××为什么会这样做？"这类型的问题很多吧。我们被要求"推测"故事中人物的心情或想法。

为什么"推测"别人的心理状态是很重要的呢？因为你需要根据"推测"出来的结果，决定自己下一步的行动。

比如，推测客户的需求，以修正自己公司的方案和计划。在家庭生活中也一样，例如，察觉到另一半的情绪不好时，自己最好主动去做家务。采取与"推测"内容相对应的措施，大多数时候都是有百益而无一害的。

"推测"别人的心理状态，在维持与别人的关系上也是很重要的。但要想做好也是件很不容易的事情。

比如，在玩扑克游戏或棋牌游戏时，解读对手的战略很重要，没有读懂的一方就会输。在边交谈边猜测对方的角色或立场这类游戏中，我们也常常会被欺骗。

不过，这些游戏毕竟只是游戏而已，不会像我们在日常生活中那样，一旦"推测"失败的话，随之而来的就是各种各样的问题。也就是说，不符合客户需求的计划，无论做得多么完美都不会被通过。在家庭生活中，你可能自以为已经做得很好了，可是却给另一半添了麻烦。这样一来，他（她）的情绪就会变得更坏。一旦"推测"失败，也不排除会遭遇诈骗之类的灾祸。

在这一章中，我们来研究"如何'推测'他人的心理状态"以及"为什么会出现'推测'失误的情况"等问题。

→那个人应该是那样想的
——推测时的"外行理论策略"

我们与"特定的社会类型"以及"特定的特征"有着很强的关联性。例如，我们在第三章中列举的面试官的例子，从应聘者是"团体运动项目的队长"这一信息中可以看出其"外向性格"的特点。

实际上，人们并没有对所有"团体运动项目的队长"的外向性格与内向性格所占的比重做过调查。可是，如之前所讲述的面试官，将自己深信的"××就是××"的理论带入面试中，进而影响了对应聘者的判断。而推测别人心理状态的方法之一，便是这种简单的"外行理论"。

关于这一点，将会在第五编中进行详细介绍。我们说，运用"外行理论"未必是件不好的事情。但这种理论常常会对信息的处理产生影响，有时甚至会带来判断失误。

让我们来做一个假设吧。如果用人部门的上司在翻阅新入职员工（团体运动项目的队长）的简历时，不假思索地就认为这个新员工是"外向性格"的话，那他就会这么想："这个新职员性格外向，如果在工作中遇到了不顺心的事情，一定会主动和我说的"或者"他什么也没对我说，工作应该很顺利吧"。

然而，那个新职员实际上是个性格非常内向的人。即使在工作中遇到了不知如何处理的问题时，也不与别人交流，就一个人在那里钻牛角尖。

一天，那个新职员突然提出"因为不适合这份工作请求辞职"的辞呈。见此情形，上司大吃一惊，责备对方"你为什么不早一点与我商量呢？"而问题的根本还是出在上司身上。他作为一个管理者，原本应该对新入职员工的工作内容以及工作进度进行督导检查的，可他并没有尽到这方面的职责。这就是因为"外行理论"而导致了判断上的疏漏。

→那个人应该也是这样认为的
——进行推测时的"模拟方略"

虽然有些唐突，但还是得请您配合回答以下的问卷——

问题一：请回答有关您个人的一些问题。在以下选项中，您是选 A 还是选 B？

- A.腼腆　　　　　　B.不腼腆
- A.喜欢褐色的面包　B.喜欢白色的面包
- A.容易情绪低落　　B.不容易情绪低落

问题二：请回答有关普通人的一些问题。您认为下列各项所占比例是多少？

腼腆的人（　）%

喜欢褐色面包的人（　）%

容易情绪低落的人（ ）%

（罗斯等，1977）

以上问题来源于之前的研究（罗斯等，1977），是参加者们所回答的问题中的一部分（因为这项研究的参加者都是大学生，所以问题中的"普通人"实际上是"普通大学生"）。

先让一半参加者回答有关"自己"的问题（即问题一），再回答有关"普通人"的问题（即问题二）。而另一半则相反，先回答问题二，再回答问题一。

分析参加者的回答我们得出结论，无论回答问题的顺序如何，在问题一中回答 A 的人比回答 B 的人更容易认为在所有人中 A 的占比也会更高。也就是说，在"问题一"中回答自己是"腼腆"的人，在回答"问题二"时，认为在所有人中"腼腆的人"占比更高。

所以，人们总是认为别人的想法或感受与自己相同。这也是一种偏差，被称为"虚假同感偏差"。产生这样的偏差是因为在推测他人的心理时，容易将自己的心理影射其上。"因为我是这样想的，所以对方应该也是这样想的吧"——进行了一个类似于这样的模拟行为。

"模拟方略"经常发挥作用，所以它的影响也很大。在某项研究（克鲁格 & 克莱蒙特，1994）中，为了减小"虚假同感偏差"做了下面的实验。

在实验中把参加者分为四个小组。

第一组,不做任何交代,让他们按自己的意见与普通人的意见回答四十个问题(控制条件)。

第二组,事先告诉他们"人们总是认为别人与自己的想法是相似的",然后再回答同样的问题。让参加者们意识到"偏差"的存在(教育条件)。

第三组,告诉他们"在回答了问题之后,看正确答案"。每回答一个问题就让参加者看一次正确的答案。根据反馈的自己答案的正确情况,在排除"偏差"之后,使其得出的判断也被逐渐修正过来(反馈条件)。

第四组,让参加者同时经历"教育"和"反馈"两个过程。

通过分析参加者的答案我们知道,在被事先告知有"偏差"存在的(第二组),与在得到自己答案正确情况的反馈的(第三组),还有同时接受了"教育"和"反馈"的(第四组),从结果上看不出任何差别。以上三组的参加者与第一组的参加者一样,将自己的想法与他人的想法叠加在了一起。由此可见,这种带有倾向性的东西,在现实中是很难被修正的。

如同我们刚才所看到的那样,把自己的想法叠加在他人想法之上的这种倾向是很顽固的。而这种倾向的存在,来源于"动机原因"与"认知原因"两方面。

所谓"动机原因",即认为自己的想法既对又好。这是因为人们总是对自己抱着肯定的态度(关于这一点,作者将在之后的第三编中做介绍）。

所谓"认知原因"，即认为自己心里的想法也完全适用于别人。这种想法对于认知而言是没有负担且是最便利的方法。

推测别人的想法时，会同时受到来自"动机原因"与"认知原因"两方面的影响。只是因为在不同的情况下，其中某个方面发挥的作用更大些罢了。

那么，类似这样的"叠加影响"会在什么样的过程中发生呢？如果能详细了解这个过程，也许就能避免自己的想法和他人想法过度叠加。

请回忆一下在第一编中已经阐述的"特征推论过程的三阶段模式"。属于"自动思维过程"，紧接着"模式化""特征评价"，我们设想的第三个阶段是控制的"修正"过程。我们在"模拟方略"中也认为有"自动思维过程"与"主动思维过程"。

即在"推测"别人的想法时，首先将自己的想法作为标准，然后再考虑别人的想法与自己的想法有什么不同，从而进行修正。在这个领域我们把自动认定的标准称为"锚定（沉锚效应）"，把控制的修正过程称为"调节（调节效应）"。

"锚定"与"调节"原本是作为启发判断来使用的，但是在说明类似于上述想法的"推测过程"中也经常拿来使用。

"锚定"是自动的思维过程，因此，有意识地阻止它是很难做到的。另一方面，如果能适当运用"调节"，应该也能很好地推测出他人的想法。但很多时候"调节"没有被充分利用，结果就是把自己的想法作为标准去进行推测了。

→区别运用"理论方略"与"模拟方略"

让我们根据以下两个问题，观察这两个不同的"方略"。

问题一：想象下列状况，回答问题——

在夏日的午后，客户公司的A为了洽谈业务来到你的公司。你正在为他准备清凉饮品（瓶装绿茶或水）。

A与你是同辈人。

你是为A准备绿茶呢还是水？

问题二：想象下列状况，回答问题——

在夏日的午后，客户公司的A为了洽谈业务来到你的公司。你正在为他准备清凉饮品（瓶装绿茶或水）。

A比你年长许多。

你是为A准备绿茶呢还是水？

请思考一下，对出现的这两种不同情况，你打算准备的饮品是相同的还是不同的？为什么会做这样的选择？

"如果是我，肯定想喝××"。如果抱着这样的想法去选的话，就是使用了"模拟方略"。"因为对方是××

样的人,所以他应该想喝××吧",如果按这样的想法去选的话,便是运用了"理论方略"。

"模拟方略"比起用于与自己不同的人,用于与自己相似的人则更为妥当一些。刚才第一个问题中所提供的线索只有"同辈人"。假如针对"年长许多的人"也做同样的选择,则更多地认为那只不过是表现出了自己的嗜好吧。

在推断他人心理时,我们常常会用到这两个方略。当对象与自己相似时,使用"模拟方略";当对象与自己不同时,用"理论方略"。下面介绍有关这方面的研究。研究有点复杂,又分为六个步骤,如图5所示。

1. 自己对出现状况的态度(协调性或外向性)
2. 对象的团体信息(经营学、社会福祉学、图书馆学)
3. 根据出现的状况推测对象团体的想法(协调性或外向性)
4. 参加者的嗜好
5. 对象的嗜好(相似或不同)
6. 对象的片段影响(推测对象的心理状态)

(埃姆斯,2004)

图5 研究的顺序

在研究中,事先告诉参加者(大学生),要与"某个小组的人员配合解答课题"。

第一个步骤:针对上述情况的参加者,询问八个与协调性和外向性格相关的问题。如"想取悦对方"和"我与陌生人打交道会感到紧张"之类的问题等。并让参加者回答自己有多大程度是这样想的。

第二个步骤：告诉参加者对方组是下列三类的其中一类。这三类是经营学的研究生、社会福祉学的研究生、图书馆学的研究生。实际上，在其他调查中，已经确认了对于各个学科的"固定印象"。那就是经营学的学生协调性比较差而比较外向，社会福祉学的学生协调性较好而外向性格中等，图书馆学的学生协调性中等而偏于内向性格。

第三个步骤：要求参加者回答，如果自己是对方组的成员时，面对上述的八个问题会如何回答（比如，答案是"他们应该会取悦对方吧"）？

第四个步骤：根据参加者自身的喜好，用"是"或"否"来回答三个问题（比如，"喜欢看体育比赛吗"）。

第五个步骤：在介绍了配对的人之后，告诉参加者与其配对的人对于三个问题的答案与参加者的答案是一致的（类似条件），或者与参加者的答案完全不一样（非类似条件）。

第六个步骤：给参加者观看与其配对的人和他人探讨问题的视频，来推测其当时的想法。这时，所提的问题也是前面的那八个问题（比如，"他想取悦对方"等）。

在分析了配对的人的想法之后我们得出，自己的想法（步骤一）的叠加在对比非类似条件中，类似条件起到了更大的作用。也就是说，当对象与自己相似的时候，推测出对象的想法与自己的相同。

与之相对应,对象所属的团体的"固定印象"(步骤三),相比于类似条件,非类似条件起到了关键作用(理论方略)。对象与自己不同,就会沿着"固定印象"来推断对方的想法。

果然,我们在"推测"他人的想法时,这两个方略都在使用,使用时按对象与自己的相似程度产生区别。

→认为自己"明白了"产生的影响

到目前为止,我们解释了如何去"推测"他人内心的想法。要根据对方来区分使用两个方略。但自以为自己看懂了他人与实际上是否真的看懂了,其实并不是一码事。

上述,在"理论方略"中,使用"刻板印象"进行推断时容易出现错误。在"模拟方略"中,以自己为基准进行修正时,会出现修正不足的现象。即便如此,我们也会认为自己是了解别人的。

那么,自认为"明白了",在其他场合又是怎样影响"推测"的呢?我们容易把对方的心情按照自己推测的进行解读。

请回忆一下之前所举的有关上司的例子。上司用"理论方略"推测新职员是一个性格外向的人。新职员"什么也不反馈",上司就理解成"就如所想一样,他是个性格外向的人,把工作都处理得很好"。上司自认为很"了解"

对方，并且按照这种所谓的"了解"去解释新员工的行为。

因为进行了确认，更加认为自己的"外行理论（因为是团体运动项目的队长，所以应该是性格外向的人）"是对的。于是，他会觉得即使出现了特殊状况，新员工一定也会像一个"队长"一样用外向的性格来思考和处理。

使用"模拟方略"会是怎么样的呢？给同辈的 A 准备清凉的饮品时，推测他应该是与自己一样的。然后把他的想法按照自己的推测来解释，认为同辈的 A 也会喜欢自己所喜欢的瓶装清凉饮料。同时，你还会沾沾自喜，认为自己的选择果然是正确的。本来只是认为与自己相似的对方，在"明白了"他果然与自己一样之后，就会更加确认对方与自己的相似性。

那么，就算出现了其他状况，你也会觉得对方和自己有同样的想法和感受。在给 A 提供交易的方案时，会完全根据自己的想法来为对方做计划书。

这样的话，无论用"模拟方略"还是"理论方略"，只要是你自己认为"明白了"，就算出现了其他状况，你很可能也会运用你认定的方略来进行推测。

另外，认为自己"明白了"之后，有时候不只会推测对方，对其他人也会用同样的策略。即使对方是别的"团体运动项目的队长"，你也会使用"理论方略"来进行推测。即使对方是其他"同辈的人"时，你也会同样使用"模拟方略"来进行推测。

这样的"推测"累积起来之后，也许我们会对与我们不同的人（他团体）形成极端的"刻板印象"，会察觉到与自己有共同点的人（本团体）比实际上有更多的情感共鸣。结果，就会远离他团体成员，更亲近本团体成员，而且这样的倾向也会越来越强烈。

第五章　你为什么"喜欢那个人"呢

→当对人抱有好感时的"惯性思维"

当一个人对别人抱有好感的时候，实际上是"惯性思维"在发挥作用。首先请回答如下问题：

回忆你的两三个朋友。

然后，思考一下你对他们分别抱有好感的原因。

对朋友抱有好感，应该能举出来几个原因吧。

也许你会认为对别人抱有好感，是你对他人单方面的情感或态度。确实，如果你是一些名人的"粉丝"，那么你对他们的好感就是始于自己终于对方，可以用单方向的箭头来表示。但是，当你和某个人在相识之后变得亲密无间时，也就存在和彼此都相关的原因。

上面和朋友相关的问题，比如你所举出的理由是"非常出色的人"时，请思考一下，你为什么觉得那个朋友是非常出色的人。还有，当你所举出的理由是"脾气相投"时，那么请你思考一下，为什么你觉得脾气相投这件事情很重要。

"好感"这个词，可以包含很多内容。在本章中，我们从广义上对包括亲情、友情、爱情、尊敬等方面进行思考。

→喜欢长得好看的人
——外在的魅力

我们会对仪表整洁的人产生好感。我们知道其他人也对注重仪表的人有好感。因为我们看到在各种各样的场合中好看的人往往会得到更多的好处。关于"外在的魅力"（physical attractiveness）对产生好感的影响，已经有过很多研究了。其中很多是对于异性间产生好感的研究。下面我们介绍一下把大学新生作为实验对象的研究（沃尔斯特等，1966）。

实验是把大学新生欢迎活动作为舞台，和未知的人进行约会，也就是与陌生人约会。

让参加者们输入关于自己兴趣和性格的信息，再告诉他们实验会根据这些信息自行配对，然后要求他们回答"想和什么样的人约会呢？"也就是询问对约会对象有什么样的期待。在他们不知道的情况下，让实验的协助者（四名高年级学生）判定他们外在的魅力。

两天后，让参加者和随意配对的人参加舞会，然后问对对方的好感度和是否还想和对方约会之类的问题。

在分析约会之前的期待时,我们发现自己外在的魅力越高的人,对对方的期待也越高。然而在分析约会之后的评价时,我们发现对对方是否抱有好感与今后是否还想和对方约会,完全和本人外在的魅力无关,而是取决于对方外在的魅力。参加者完全是因为对方外在的魅力才对对方抱有好感的。

喜欢外在魅力的人的理由之一,是因为我们有"'美即是德'的刻板印象("what is beautiful is good"stereotype,戴恩等,1972)",是因为我们推测长得好看的人也具有美好的品格。

在一项研究中(戴恩等,1972),给参加者看三个人的照片(魅力度分别是高、中、低),然后让他们回答这三个人的品格、将来的生活和是否会幸福等问题,再让他们思考如何把这三个人对应安排到社会地位高低不同的职业中。

在分析他们的回答后,我们了解到结论和照片中三个人的性别无关,具有外在魅力的人被认为会有良好的品格,将来也会过上优越的生活。可以说那正是因为我们有"美即是德"的"信念"。

在研究对象是孩子的时候,我们同样能看出孩子也受上述"信念"的影响。通过研究(朗格卢瓦等,2000)明确了和成人相同,我们会认为具有外在魅力的孩子能力也更高，在各种事情中也容易被肯定，当然也更受欢迎。

那么我们是怎样形成了像这样有关外在魅力的"信念"的呢？关于这个问题，我们可以举出两个例子（伊格利等，1991）。

一个是，观察有魅力的人和没有魅力的人在社会上的情况。我们通过观察可以知道有魅力的人从别人那里得到的多是正面的、积极的反馈。

另一个是，在文化活动中接触有魅力的人和没有魅力的人。面向儿童的绘本也好，动画片也好，里面的英雄无论男女都是漂亮的，而敌人或者魔女都是丑陋的。

对于这个研究和76项研究的分析结果，明确了外在魅力的刻板印象对推测人的品格产生了中等程度的影响，也明确了下列问题：刻板印象尤其对推测"社会能力"有着比较大的影响。也就是说，当我们遇到有外在魅力的人时，就会过高地判断那个人的"社会能力"。

"社会能力"这个词我们在面试中或是培养人才时也许听过。"社会能力"是指在社会生活中所必要的能力，在和别人交流或者协同工作中起着重要的作用。我们把能发挥这种能力的行为指南或行为特征叫"社会能力"。

近年日本企业在人才活用时，逐渐把这项能力指标化。这种情况下刚才的研究成果具有什么样的意义呢？我们以面试为例来思考一下。

面试官想通过提与"社会能力"相关的问题来把握应

聘者所具有"社会能力"的多寡。想要通过在组织中的活跃度和贡献度来预测其"社会能力"的高低。

面试中如果应聘者是一个具有外在魅力的人会出现什么情况呢？或许面试官会过高地评价应聘者的"社会能力"。有几人同时参加应聘时，也会得出具有外在魅力的人"社会能力"的评价也高，没有外在魅力的人"社会能力"的评价也低。

有时候在一些场合得出的评价，会对其他场合的评价形成影响。在研究组织中的上述现象时，呈现出"普遍的光环作用"，一般情况下被叫作"晕轮效应"。这是一个有名的"偏差"效应。

比如，当一个人具有"勤奋"这个肯定的特征时，也会高估他的知性，会对那个人持有全方位的肯定印象。有整体的印象向肯定的方向扭曲的情况，就有整体的印象向否定的方向扭曲的情况。那么因为外在魅力其他方面也得到肯定时，我们可以认为这就是"晕轮效应"的一个表现。

→喜欢和自己相似的人
——想法的类似性

我们会对和自己类似的人抱有好感。会对那些被认为和自己"投缘"，也就是和自己有相同想法和价值观的人抱有好感。可能是因为当一个人和你有一样的想法时，便证明了你想法的正确性吧。

对方和自己越像，那么自己对对方的好感就越多。下面介绍一下与此相关的研究（伯恩 & 纳尔逊，1965）。

此项研究是通过参加者回答各种问题来看他们的内心想法。问题的数量也根据参加者的不同而变化（从 4 个到 48 个不等）。

然后是给参加者看别人对同样问题的回答。只是，实际给他们看的是根据他们的回答所做出来的结论，相似度分别是 100%、67%、50%、33%。展示完别人的回答之后，再让参加者评判回答不同相似度人的知性或魅力如何。

结果是这样的，和问题的数量无关，和参加者的回答越相似的人，得到的评价就越高。说明一个人和你的想法越相似，那么你就会对他产生更多的好感。

此项研究是对一个凭空捏造的对象进行评价。因此可以给我们呈现出"相似度"和"好感度"间的关系，但在"与对方进行相互评价"的研究中，"相似度"和"好感度"之间的关系也被认可。

根据元分析研究（蒙托亚等，2008）的结果，两个人性格和想法上的相似会与评判对方的魅力之间有着极为重要的关联。

到此我们了解了关于"类似性的影响"，但或许也有"两个性格完全相反的人也能相处得很好"的例子。对于拥有自己所不具备的东西的人，有时候我们也能感受到他外在的魅力。这是因为"互补性"产生的好感。

关于这种倾向出现在选择配偶相关的研究（温奇等，1954）。研究对象是结婚两年以内并没有孩子的夫妇。在询问希望配偶所具备的性格时，我们发现答案往往是希望具有和自己相反的性格。

"根据互补性产生的好感"容易出现在彼此需要扮演不同角色时，或已经有既定目标的时候。下面是为了解决问题而产生交流的相关研究（德赖尔＆霍洛维茨，1997）。

参加研究的人都为女性。委托参加者和别的女性（此项试验的协助者）谈论有关人际关系的问题。在两人交谈之际，此项试验的协助者在谈话中演绎主导和顺从两种交流方式。

对"参加者对这次交流的满意度"的调查结果显示，当参加者对应的是风格相反的人时满意度偏高。在有必要相互作用的时候，就会出现这样的"互补性效应"。但是这项研究的参加者自己没有觉察到这点。

此项研究是要求参加者评价关于"交流对象的风格"。通过对评价的分析，对交流满意的参加者回答的是"对方的风格和自己相似"。

但实际上即使是面对性格相反的交谈对象，对其感到满足，并在得到满足之后对对方产生好感时，参加者最后得出的结论仍是感觉两人有相似性。是"因为是我喜欢的人，所以和我很像吧"这样的认知。因此,也许我们不仅是喜欢和自己相似的人,而且认为自己喜欢的人也和自己是相似的。

在我们的日常生活中,经常能看到"类似性的影响"。

当自己的部下在对待工作和自己有相似的做法时也会觉得挺好的吧。或许有时候单单只是因为毕业于同一所学校或有同样的爱好之类的情况,就会给予那个部下肯定的评价。

部下也知道"类似性效应",然后不时地在上司面前强调和上司的共同点,甚至迎合上司说话的情况也是有的。

→喜欢经常能遇到的人
——熟知性

我们对身边的人抱有好感,比如在附近居住的、属于同一个部门的或者接触得比较多的人等。在学校坐你附近的人更有机会和你成为朋友。下面我们就介绍关于这方面的研究(斯加尔等,1974)。

这项实验是在警察学校进行的。研究对象是44名男性训练生。在训练到第六周的时候让他们写出训练生中亲近的3个人的名字。他们一共举出了65个人的名字,有30人至少写了一个人的名字。

在观察那些人和他们朋友的名字之间的关系时我们发

现，他们名字的首字母的顺序都离得很近。这个学校实际上是按名字的首字母顺序来安排房间和教室座位的。因为房间和座位离得都比较近，所以这些训练生之间就变成朋友了。

因为对方离得近，所以交流起来比较方便。如果方便接触，那么接触的机会就会变多，也就可以更了解对方。只是，我们在了解对方之前就已经对对方抱着肯定的态度或积极的情感。这是因为能经常看到而产生的好感。

人们在反复和一个人接触时，有时会对那个人产生肯定的态度，这被称为"单因接触效应"（扎伊翁茨，1968）。

关于出现这种效应的原因有很多种说法，最常见的说法是"因为提高了处理对方信息的效率，而把和对方的这份亲近感误认为是好感"。接下来我们用日常的例子来解释一下。

想象一下每天早晨上班时，在家附近的公共汽车站总是遇到同一些人在等车。如果这时来了一个不认识的人，你就会想"这个人是谁"？也许你会想"这个人上班时间变了"？又或许是"刚搬到附近的人"？等等。对于新奇事物信息的处理是有必要的。因为万一这个人是个危险人物呢。

然而对那些每天都会遇到的人就没有必要——费心去想。如果每天都在那个公共汽车站等车的人今天也在，或许你会想"他今天也在",但是也不会再有其他的想法了吧。如果他还和平时一样,就更没有必要多想了。

如此,信息得到顺畅的处理,那么就容易产生"肯定的态度或积极的感情"。但是,我们会误认为这种感觉是对方给我们的。这就是刚才说的"错误归属的结构"。接下来我们来介绍一下有关"经常看到"效应的实验。

此项实验的施行是基于大学的课堂。学期末让上课的学生看4个人的照片,要求学生回答对照片中这4个人的熟知度、魅力以及和自己的相似度等问题。

实际上在本学期上的40次课中,上述四个人中有3位曾经装成选课学生上过几次课。这三个人上课次数有所不同,分别是5次、10次和15次。剩下那个人一次课也没上。

我们通过分析正常上课的学生对这4个人的评价可以看出,和照片中的人见的次数越多,就会越感到对方有魅力,会更加认为了解对方,也会更加觉得那个人和自己有共同点。

我们和那些只见过几面,既没有说过话又没有一起生活过的人,当了解之后也会觉得他还不错。

当了解这个实验结果之后,我们就能理解为什么销售经理经常访问客户企业,有时候甚至还找机会和他们在外面吃饭。那是因为,通过增加接触的次数,销售经理想在客户企业那边混得"脸熟"。

当我们喜欢一个人时，我们是认为那个人有很大的魅力才喜欢那个人。事实确实是这样的，但是需要深入想一下为什么我们觉得那个人有很大的魅力呢?

对一个人抱有好感可能是因为他的信念（美与德）和你的相同，或者他和你很像，又或者是他和你很熟这些理由。也就是说，你喜欢谁其实和你自身有很大关系。

像这样对别人有没有好感，其实是受"自己"的影响。那么和别人交流时，应该也是受"自己"的影响。在接下来的第六章一起思考一下这个问题。

第六章　你是如何谈论"别人的事情"的

→跟他人分享对"别人"的印象时会怎样

我们有时会对一个人说另一个人的事情，或者是说对另一个人的想法。

例如你负责指导分配到所在部门的新职员 A 的工作。如果上司问你"你觉得 A 怎么样"时，你则需要报告 A 的情况。

但是这个时候你又不会把 A 的情况和你自己的感受和盘托出。会从很多信息中选择那些应该向上司汇报的和想对上司汇报的。这样对信息的选择，有些时候是你有意为之，有些时候则是无意使然。

这里我们关注于"和别人交流的过程"，进而思考我们是如何跟周围的人共有对他人的印象的。

→迎合现场的气氛
——协调听众

需要联络部门成员开会时,如果你说"在我们经常用的会议室开会",那么一定是因为这些人都知道"经常用的会议室"。当对方是刚分配到本部门的新职员时你会怎么做呢?一定会更为详细地告诉他开会的会议室在哪里吧。

通过这个例子我们不难看出,和别人交流是需要一个"共同背景"的。所谓的"共同背景"就是交谈的两个人都了解的知识或者信念、想法等(克拉克等,1983)。

刚才的例子中"对于会议室的了解"即为共同背景。

那么,下面的情况怎么办呢?是有关给客户公司提出计划的情况,和同事说"之前的那个计划顺利通过啦"。作为共同背景,对"之前的那个计划"的了解是必要的。

但是这种情况下也并不只有这些。

思考一下为什么要把这个信息告诉同事们。是因为你认为计划"顺利通过"这件事情对对方来说也是一条很重要的信息,所以才要汇报。又比如说,因为是一起参与的计划,所以觉得对方知道的话也会开心,才和对方说。如果对方对于这个计划完全不感兴趣的话,就没有必要去说了。

我们推测对方的想法,根据对方的想法来"调整"说话的内容。

说话时因为对方而做出的"调整",有时在传达第三方信息时也有体现。第三方在对方心里是什么样的形象,我们会一边思考这个问题一边传达第三方的信息。下面我们来介绍关于这种"调整"的研究。

本研究首先给参加者大学生 A 们介绍作为实验协助者的学生 B。然后再请 A 们读一下与 B 是同一团体的人物 C 的相关文章,之后委托 A 们向 B 说出对 C 的印象,最后让 B 通过 A 们所说的内容来判断 C 到底是谁。

在做了上述说明之后,把关于 C 的相关文章给 A 们。这时,告诉一半的 A 们"B 是喜欢 C 的",然后告诉另一半 A 们说"B 是讨厌 C 的"。

A 们读的文章中包含着 C 的 12 条信息,其中 4 条是好的信息,还有 4 条是坏的信息,最后 4 条是如何理解都可以的信息。"如何理解都可以"是指能从中解读出像"有韧性"之类的肯定信息,也能从中解读出像"固执"之类的否定信息。

在读完文章之后,想一下 C 是什么性格的人,再委托 A 们向 B 解释说明文章的内容。

我们通过分析 A 们的说明发现,在被提前告知"B 喜欢 C"时,无论文章里出现的正面的还是反面的信息,都会朝着肯定的方向去解读。另外,如何理解都可以的信息也当然得到了肯定的解释。相反,当被告知"B 讨厌 C"时,A 们会把所有信息朝着否定的方向去解读。

我们看到 A 们在传达信息时，会根据所要传达的对象的喜欢与否来调整自己的解读。说明我们在说话时会顾及说话的场合和对方的感受。在之前的例子中，当上司询问新职员的状况时，如果上司喜欢这位新职员，那么你或许会对这位新职员给予肯定的评价。这时，即使上司想知道真实状况，但你还是会顾及上司喜欢新职员这一点。

→自己也开始这样觉得
——相信自己说过的话

我们了解到我们说的话会根据对方的不同进行调整。那么我们只是在注重迎合对方吗？这种交流会对我们产生什么样的影响呢？实际上对我们自身也产生了影响——到最后我们自己的想法和所说的也变得相同了。

刚才介绍的研究（希金斯 & 鲁霍斯，1978）的后续研究是在参加者向对方进行描述之后，询问参加者对目标人物的评价。还有，让参加者尽可能正确地回忆出目标人物的信息。这两项实验第一个是在描述完目标人物后马上回答，第二个是过 12—15 天之后再来回答。

我们分析对目标人物的评价和记忆的结果得出，无论哪一个答案，参加者都对目标人物的态度产生偏移。他们的态度和记忆，也会沿着传达给别人的内容发生了改变。对于记忆的影响，我们得出了经过的时间越长影响越大的结论。研究也表明这样的情况只有在参加者向一方叙述第三方的情况时才产生。

英语中的口头禅"seeing is believing"多被翻译为"眼见为实",即我们相信自己亲眼看到的东西是存在着的意思。

刚才所介绍的研究(希金斯 & 鲁霍斯,1978)的题目,就是模仿这个,称为"seeing is believing"。

面对喜欢新职员的上司,你在和他汇报新职员的情况时会对其进行表扬。根据上述内容,也许你自己也对新职员抱有好感。当回头再看时,很有可能更容易回忆出新职员符合你期望的行为。

→为什么我们要和别人分享"自己的想法"

现在介绍的现象是,我们根据对方来"调整"自己说话的内容,使自己和对方保持一致。可以说是"体验对方想法的过程"。

通过和别人拥有相同的体验"共享现实",我们会认为我们自己对世界的理解是值得信赖的,是适当的(哈丁 & 希金斯,1996)。还可以感觉到与别人有关联(埃赫特霍夫 & 希金斯,2018)。因此,和"重要的人"分享你的想法,对于我们来说是很重要的。和自己所属的团体分享自己的想法也是很重要的。

如果不只是上司,就连你部门的同事都认为新职员是他们所期待的人，可是只有你自己不那么认为，会变成什么样呢？或许你会觉得自己没有"识别人的能力"，或许你会令周围的人感到"不可靠"。

因此，我们便有了察言观色的能力。对新职员的印象，很有可能是像这样形成的。或许我们只是"信任共享的东西（sharing is believing）"而已。

→用"不同的说话方式"分享你对别人的印象

和分享"对方的想法"相同，我们也把"自己的想法"分享给别人。我们再来看一下新职员A的例子。

你负责指导A的工作，A向你问了好多次与工作推进方式相关的问题。

如果你要和完全不了解A的同事介绍A的上述表现时，你如何介绍呢？

如果你觉得A给你的感觉还不错的话，也许你会说"A正在努力去适应工作"。你也有可能更简单地说"对工作特别有干劲儿"或"很有热情"吧。

可是，如果你觉得A给你的感觉不好的话，也许你会说"A经常一个问题问好多次"。这个说法的不同之处是，对行为的说明很抽象。

对于"问问题"这个表达是具体行为的表述。和"A正在努力去适应工作"相比，后者加了你对行为的解释。"对工作特别有干劲儿"更是在加上你的解释之后对 A 状态的表述。对于更抽象的表达"很有热情"是说 A 的发展趋势很稳定。像这样，我们在解释他人的行为时，使用的话语是有区别的（肖明 & 费德勒，1988）。

我们认为像这样产生区别的动机在于，你要把自己对他人的认知分享给对方。下面介绍关于根据自己对他人的好恶改变自己语言的研究。

分别给参加者看出场人物有积极行为（比如废物再利用）的三个一格漫画和消极行为（比如插队）的三个一格漫画。

在给参加者看漫画时，让半数参加者把漫画中的人物看作是"密友"，让剩下的参加者把漫画中的人物看作是"讨厌的人"。然后给每一个漫画四个选项，让参加者选出其中最贴近漫画的选项。

这四个选项有不同的抽象度，根据参加者的选项不同，能够知道参加者看待漫画中出场人物的行为等级。

分析参加者的选项我们知道，当出场人物是"讨厌的人"时，并且漫画中出现的是消极的行为，那么参加者会选择比出场人物是"密友"时抽象度高的选项。如果两个漫画都是"讨厌的人"，那么相比于出现消极行为的漫画，参加者会对出现的积极行为的漫画选择更抽象的选项。

如果用"插队"来说明上述结果的话，如下文所示。

在表达讨厌的人"插队"时，会抽象地说"真滑头"或"给周围的人添麻烦"。但是如果是"密友"的话就会具体地说"插到队伍里面"。对讨厌的人在"插队"时用抽象的"真滑头"去表达,但是到了积极的"废物再利用"时则会用具体的"把垃圾分类"等方式表达。

综上所述,我们对那些讨厌的人所做的坏事的评价是因为那个人人品不好,就算是做了好事也是偶然的一时兴起。只是,可能你自己还没有意识到自己有这样的行为。

→ "预期行为"的说明会给听者带来什么
——语言预期偏差的影响

上述现象,被称为"语言预期偏差"(linguistic expectancy bias)(威格博德斯等,2000)。为什么名称中出现了"预期"这个词,是因为我们对他人的行为是有所"期待"的,这是指比如会对好朋友做的好事或讨厌的人做坏事进行抽象的表述。

"语言预期偏差"的影响,不仅在对他人的说明中可以看出,阐述者的说明也会让听话者对他人的认知产生影响。下面介绍上述内容的研究(威格博德斯等,2006)。

这项研究首先让提供信息的参加者想出一位自己的朋友,然后把这位朋友的事情讲给别的接受信息参加者听,要求有两种表述。其一是这位朋友做了"和预期一致"的事情,其二是这位朋友做了"和预期不一致"的事情。然后向接受信息的参加者提供上述两种表述之一，最后让接受信息的参加者判断这位朋友的行为是他性格导致的还是因为出现了特殊情况导致的。

首先，在分析信息的提供者的表述中我们知道，参加者在自己朋友做出"和预期一致的行为"时比"和预期不一致的行为"时的表述更为抽象。这样的结果就说明发生了"语言预期偏差"。

其次，在分析信息接收者的判断中我们知道，与"和预期不一致的行为"相比，"和预期一致的行为"被认为更符合这位朋友的性格。接受信息方，会根据提供信息方的说明认为，被抽象阐述的行为是这位朋友一向的做法。

我们用新职员 A 的例子来思考。你在向你的同事谈及你喜欢的 A 时，把 A 问了好几次问题的这件事表述为"A 正在努力去适应工作"，于是你的同事就会从这个抽象的说明中读取 A 具有"工作热情"的品质。这就是你把自己的好感和同事分享的结果。

像这样，我们在描述一个人时，同时就是把自己对那个人的印象分享给对方。

第三编

"自己"在别人心目中的印象是如何形成的

第七章　你是如何看"自己"的呢

→ "对自己的认知"你有多少

在第二编中我们一起思考了对别人的"印象"。那么现在考虑一下你对"自己"的印象又是怎样的呢？

首先请写10个"我是××的人"这样的句子。按照你所能想到的顺序来写即可，即使再短的句子也没关系。

写完之后请再回头读一下，在××里填的内容就是你所了解的自己，这也被称为"自我概念"。

就如你所写的那些句子那样，我们对自己有着丰富的自我认知。我们还根据其意义不同进行总结（体系化）并将其保存在记忆里，我们将此称为"自我图式"。关于图式，我们在第一编也介绍过。"自我图式"起的是认知结构的作用，在这个认知结构下我们可以解读和自己相关的信息。下面我们来具体看一下。

问：你是认真的人吗？

请回答"是"或者"不是"。

这时立即回答"是"的人，便有"认真"的"自我图式"。或许是因为你在很多事情中表现出"认真"的性格，也许是有很多人向你表达过他认为你是"认真"的人。

像这样，因为与其相对应的认知很丰富，一旦你认为那些认知的"可及性"高的话，便会做出判断，进而立即回答为"是"。这里的"可及性"是指容易契合。

或许你也可能立即回答"不是"吧。这时你会有很多与其相反的认知，而那些认知的"可及性"也很高。

花费了一些时间之后再回答"是"或"不是"的人，对于自己"认真"方面的自我认知不足，即便是有足够的认知材料，可是这些材料的"可及性"应该也很低。

在"我是××的人"的文字中，最开始写的"××"对于你来说可能就是可及性最强的自我概念。你写了什么呢？

→"自我图式"的作用

"自我图式"在"判断别人印象"时的作用

如上文所说，不仅能快速地判断自己是否与"自我图式"关联的单词匹配（马库斯，1977），实际上我们在判断别人时也会用"自我图式"。如果认为自己是"认真"的人,那么在判断别人是什么样的人时,最容易想到的是对方是不是一个"认真"的人。接下来介绍与之相关的实验(芳&马库斯,1982)。

这项实验,首先是让参加者们回答与自己相关的问题,参加者们回答自己是"外向性格""内向性格"或是"中性性格"。我们先称之为"外向群体""内向群体"和"中性群体"。

让参加者6个人分成一个小组,然后再把每一个人放到不同的空间里。之后给他们26个问题,告诉他们为了解对方只能从中选出12个问题提问。

26个问题之中有11个是关于外向性格的问题,比如"你在什么情况下最外向呢"等。还有10个是关于内向性格的问题,比如"你很难和别人变得亲密的原因是什么呢"等。剩下的5个是中性问题,比如"你想为什么样的慈善做贡献呢"等。

在确认参加者所选的问题时我们发现,回答自己是外向性格的"外向群体",选择了更多的和外向性格相关的问题。"内向群体"和"中性群体"选择的与外向性格相关的问题在数量上基本相同。而回答自己是内向性格的"内向群体",选择了更多的和内向性格相关的问题。"外向群体"和"中性群体"选择的与内向性格相关的问题在数量上也没有差距。选择中性问题最多的是"中性群体"。"外向群体"和"内向群体"选择的中性问题数量也没有很大差别。也就是说参加者在询问别人问题的时候,其问题多与参加者的"自我图式"相关。

此项实验的后续是把一位参加者放到一个独立的空间,先告诉他要做和上述实验相同的采访,然后让他从扬声器中听一段对话。对话的内容是,让一个人分别回答关于外向性格、内向性格和中性性格的三个问题。其回答的内容则不与外向性格或内向性格的特征相关。

在听完这段对话之后,让参加者评价此人性格中外向性格、内向性格或者中性性格的程度,再让其回答对各个评价的确信程度。

对此人性格特征的评价中没有因为"自我图式"而产生差距,但是能看到回答确信程度时因为"自我图式"而产生了差距。"外向群体"和"内向群体"比"中性群体"对此人的外向性格或内向性格的评价的确信程度更高。

由此可以总结为,参加者在"自我图式"中确信对他人的判断。然而对于中性性格的评价的确信程度中我们没有看到各个群体的差异。

我们再介绍一个受"自我图式"影响的实验(格林&斯蒂基特,2001)。

在这项实验中,先让参加者判断自己是属于"自立性强、独立性高的类型"还是属于"从属性强、依赖性高的类型",然后按照依赖程度的强弱分成三个小组。

之后作为另一项实验，给参加者们看关于某一个人的四篇文章，再根据四篇文章描述的内容推测此人的性格。四篇文章中包括与"独立性"或者"依赖性"相关的内容。比如有"写报告时是一个人写还是和小组一起写"等，也有与之完全不相关的内容，比如"你会为人类的宇宙计划出资吗"等。同时也要求参加者回答对此人的印象。

通过对此人行为的预测进行分析时我们可以知道，"依赖性高的群体"推断此人的依赖行为最强，"中性的群体"次之，"独立性高的群体"最弱。对与依赖性无关的行为进行分析时，三个群体没有太大的差别。在分析与此人印象相关的回答时，我们了解到参加者们都抱有和"自我图式"相一致的印象。也就是说参加者认为此人和自己相近。

这两个研究结果表明，我们习惯于以"自我图式"为标准来判断别人，并且对判断表现出很大的信心，甚至把别人的行为也按照"自我图式"的方向来判断。

假如你对自己抱有"认真"的"自我图式"，你就会首先判断别人是不是"认真"的人，并对自己的判断很有信心。然后你就会认为那个人做事应该也是很"认真"的吧。又比如你的"自我图式"是"亲切"，那么你就会更容易去判断别人是否也是"亲切"的。

现实中自己和同事新认识了一个朋友 A，自己对 A 抱有一个特别"认真"的印象，而同事却对 A 抱有"友好"的印象。产生这种不同的原因很可能是因为自己和同事的

"自我图式"不同。

自我图式如何影响"别人的记忆"

"自我图式"对他人的记忆也存在影响。在一项研究中（霍金斯等，1982）为了确认对参加者来说可能和自己相近的特征是什么，首先让他们分别阐述"喜欢的人""讨厌的人""想见的人""想回避的人"，还有"经常见的人"都是什么样的人。然后参考上述内容，编写出一个人的短文。

在短文中包含着此人的12种行为，其中6种行为的特征是和参加者相近的，另外6种行为的特征是和参加者相距甚远的。此外，积极的行为和消极的行为也各占一半。比如说参加者所写的特征中包含"正直的人"，对于他来说此人做出"买东西被多找零钱的时候，会告知对方并退还"的行为就是和自己相近的行为特征。然而对于那些所写的特征中没有包含"正直的人"的参加者来说，那就是和自己不相近的行为特征。

一个星期之后，作为另一项研究，把写好的短文展示给参加者。再隔一段时间之后，让参加者一边回忆一边叙述短文的内容。

在分析参加者所叙述的内容时我们发现，与那些和自己相近的行为特征相比，和自己不相近的行为特征没有被记住。比如说，开始时写下"正直"这个特征的参加者，对于这个人的那些与"正直"无关的行为特征就不如和"正直"相关的行为容易被记住。这里便可以理解为，人们是按照和自己接近的特征来记住别人的事情的。

当然,这种在最接近的性格特征下进行的思考,也可以理解为是在"自我图式"下来进行的思考,简单地表现为认为自己是"认真"的人,便会记住对方"认真"的一面。比如说,那个人和 B 在谈话时形成了"认真"和"亲切"两个印象,两个印象中的一个和"自我图式"的"认真"是一致的,那么这个"认真"的印象就更容易保留在记忆里。

如果这样想的话,我们所见到的"他人"可以理解成是"以我们自身为基础来理解的他人"。

目前我们是以"认真"作为例子来对"自我图式"进行说明的。可是我们对自己的印象也并不只有一个。

请再回头看之前所写的"我是××样的人"。或许你在××中填了各种各样的内容吧。那是因为我们的性格中有很多不同的面。虽然我们通常认为最先填在××中的内容,就是我们最可及的,但是如果在不同的情况或者场合下问"是××样的人",最先回答出的内容或许也会存在差异。像这样,我们对自己进行理解时也会因情况和场合的不同而产生变化,这种现象我们称之为"即刻的自我概念"。

比如说,自己也许在工作中"认真"表现得更多一些,但和朋友或第一次见面的人在一起时,"开朗"或者"腼腆"表现得更多一些。像这样,我们自己也是因情况的不同而变化的。还有,自我概念也会因为对方是否是"重要的人"

而产生变化（关于这一点会在之后进行详细说明）。

→你想怎么看"自己"

在考虑"如何审视"自己时，我们想"如何审视"自己是不得不去思考的。自身动机会影响我们对自己的判断。那么，我们就在这里按顺序依次介绍与"自身"相关的四个动机。分别是"自我确认动机""自我评价动机""自我改善动机"和"自我提升动机"（斯蒂基特&施特鲁布，1997）。

我是××样的人
——自我确认动机

无论得到什么新信息，我们都不想改变对事物一贯的认知。也就是想维持一贯的自我认知。

比如，自认为是"认真"的人想得到与自己认真相关联的信息，目的是想要维持这个自我概念。在这种动机的作用下，我们才可能把自己本身作为容易理解的现象。

自认为是"认真"的人，如果别人的评价与其不一致时会产生不安，会感觉到自己没有被周围的人所理解。还有原本自认为是"认真"的人，却因为别人的评价产生了动摇，开始否定自己。因此拥有"自我确认动机"是很重要的。

但有时"自我确认动机"也会引起一些问题。这些问题通常出现在自我评价低或者自尊心弱的人身上。这样的人，为了使新得到的信息和原有的自我认识一致，会优先对那些和否定的自我评价相一致的信息给予更多的关注或是形成更深的记忆。下面介绍的是有关这方面的实验（斯托里，1998）。

首先让参加者接受性格方面的测试，然后用"虚假的结果"替代真实的结果。把事先准备好的虚假信息告诉参加者，说这个"虚假的结果"才是真正的测试结果。

向参加者反馈的虚假信息里，含有肯定和否定两方面的内容，并将这两方面的内容都告诉参加者。事前预测一下参加者们自尊心的强弱，最后再让他们回忆并叙述那些信息。

在分析参加者叙述的内容中我们知道，自尊心强的人比自尊心弱的人记得更多肯定的内容；而对于否定的内容，自尊心弱的人比自尊心强的人记得更多。也就是说即使被告知的是相同的内容，人们也会按照和自己的自尊心的强弱来形成不同的记忆。

这个结果暗示了自尊心弱的人存在的重要问题。这么说是因为这些人明明被告知了肯定的内容，而这些内容却没有得到应有的关注。

从别人那里得到的肯定评价，对于低自我评价者来说是很重要的。即便如此，由于"自我确认动机"的作用，这些肯定的评价并没有被接受，这就使自我评价依旧处于很低的状态。如果再重视从别人那里得到的否定评价，便会导致自我评价向更低的方向发展，甚至有可能会出现断崖式的下降。

自我评价高的人被表扬之后，他的长处会被更好地发挥，而自我评价低的人只关注自己的缺点，即使被表扬也会自我否定。如果你不习惯被表扬的话，那么希望你能试着弱化一下"自我确认动机"的作用。

我们是怎样的人

——自我评价动机

我们都有想正确地评价自己的动机。正确地理解自己的能力和想法，会对预测将来提供帮助，也能根据提前的预测来控制自己的行为。

比如，在接受工作时，希望是自己的能力可以胜任的工作。因为万一高估了自己的能力，那么到了期限没有完成的话，会给周围的人带来麻烦。如果认为被分配的工作量超过了自己的能力范围，就有必要提前寻求别人的帮助。这样做，我们可以认为是能正确地评价自己的能力。

"自我评价动机"在很多情况下都会产生作用。尤其是在我们难以判断是否有能力来应对一些问题时，这种动机的作用会突显出来。下面介绍与之相关的实验（特罗普 & 本－雅尔，1982）：

实验由两个阶段组成。在开始阶段让参加者回答两个课题。告诉他们一个课题是测量分析能力的，另一个课题则是测量心理适应能力的。每个课题都包含18个问题。

之后伪造参加者课题的成绩，依据告知参加者所取得的成绩来操作其能力等级。可靠条件是让参加者知道自己能力的等级，而和实际上答题的正确数量无关，告诉他们18个问题中15个问题的成绩是中等的。如果对他们这样说，他们自己基本上能确定自己的能力等级是中等的。

不确定条件是指反馈给参加者们的成绩不能确定其能力等级。告诉参加者18道题中高、中、低档成绩的数量基本相同。这样对他们说，他们会认为自己的能力等级很模糊，不能清楚地知道自己的能力是高还是低。

下一个阶段是出两个新课题，其内容也是对分析能力和心理适应能力的测试。这次虽然每个课题分别有20个问题，但是让参加者从两个课题中任意选出25个想回答的问题，然后让他们回答分别从两个课题中各选多少问题。

分析参加者的回答，我们了解到，参加者更多会选对自己能力没有得到确定的领域的问题。

假如有一位参加者在第一阶段发现自己的分析能力没有得到确定，于是他在下一个阶段便会从分析能力的课题里选更多的问题。像这样挑选不确定能力领域的问题，是想要正确评价自己的能力。这个结果可以认为是由于"自我评价动机"产生了作用，使其想要更加正确地理解自己。

为了做正确的自我评价而收集信息时，出现否定信息的可能性也是存在的。能否接受这种信息，和下面要介绍的"自我改善动机"存在一定的关联。

我想要成长

——自我改善动机

我们都有想把自己变得更好、想要成长的动机。上面谈论了接受工作时的"自我评价动机"。如果因为自己的能力不够而不能独立完成被委托的任务,在别人帮助你时,你会怎么想呢?或许你会想如果有机会的话一定努力提高自身能力,争取一个人完成那份工作吧。像这样的"自我改善动机"可以使我们确立目标,为达成目标,控制自己的行为。

"自我改善动机"在觉察到自己的不足时容易发挥作用。我们认为通过认识自己的短板和弱点,能够促进自我改善。只是我们在承认自己的短板和弱点时很可能陷入负面情绪之中。同时,我们也有把自己的情绪变得稳定或者积极主动的动机,因此,"改善情绪"和"自我改善"之间就会产生矛盾。那么,我们该如何才能使自己成长呢?

因自己的短板和弱点所滋生的消极情绪,可以把它们当作是一时的。因此,"改善情绪"便成为短期目标。与之相对应的"自我改善"和"自我成长"是长期目标,所以时间跨度长的自我审视加上朝着重要的方向发展是必要的。承认自己的短板时,即使滋生了一些负面情绪,但如果是和自己的成长相关的话,还是要去承认。像这样跨越短期代价(负面情绪)来完成长期目标的过程之中,也会产生积极的感情（格维等，2005）。

万一出现必须去接受自己被否定的情况，如果能以积极的心态去面对会更好一些。

我想变得优秀

——自我提高动机

我们都想让别人肯定自己，也想让别人认为我们的能力或者品行是优秀的。我们甚至还想让别人认为我们比实际上付出了更多的努力去成长。为了维持上述的高自我评价而产生的动机，我们称之为"自我提高动机"。

我们所说的自我评价低也好，自我评价高也罢，比较对象又是谁呢？

是"一般情况下的他人"或者"平均情况下的他人"吗？如果说是"一般情况下的他人"，却又没有一个标准来衡量"一般"这个词；如果说是"平均情况下的他人"，可是我们又不知道这个"平均"针对的是哪群人。和自己比较的对象其实在很多时候就是"重要的他人"。

从这个视角，我们来介绍一下"维持自我评价模式"（特塞尔，1988）。

"维持自我评价模式"是在我们和别人有一定关联时的自我评价，其前提要维持自我评价或是提高自我评价所采取的应对措施。

根据这个模式，对于和别人有一定关联时的自我评价，包括"比较过程"和"反映过程"。

"比较过程"是把一个和自己不分伯仲的人与自己进行比较，如果自己做得更好就会提高自我评价，如果自己比不上那个人就会降低自我评价。

"反映过程"则是，如果别人把一件事完成得很好，你就会提高自我评价；如果完成得不好，你就会相应地降低自我评价。这个过程可以叫作"沾光效应"（贾尔丁等，1976）。比如，自己的朋友在某件事上获得了优秀的成果，自己也会觉得骄傲。虽然自己在这件事情上并没有什么贡献，但我们还是会因为有那个成果而感到骄傲。

我们在和那个"重要的他人"进行比较时，产生了"比较过程"和"反映过程"，在"维持自我评价模式"中到底哪一个过程发挥着作用，我们认为是由比较的领域与自己的相关程度来决定的。在和自己相关度高的领域中"比较过程"更容易发挥作用，和自己相关度低的领域中"反映过程"则更容易发挥作用。

我们预测"维持自我评价模式"在相关度高的领域中与"重要的他人"对比时，自我评价变低的情况也可能发生。

比如你在工作中遇到了一个重要的课题，然而你却没能顺利完成，但是你的同事兼好友却成功地完成了那个课题，这时你的自我评价会下降。如果发生这样的情况，你会怎么办呢？

根据"维持自我评价模式"，这时一定会发生下列情况的一种。

一是，和"重要的他人"保持距离，尽可能降低对方对自己的影响。比如和优秀的朋友保持距离，也就没有必要再和他进行比较了，这样的话不用降低自我评价也可以。这里所指的距离，并不只是像不和朋友见面这样保持空间上的距离，也包括心理上的距离，就是要减少与对方的亲密性和类似性。

但是有时我们做不到和"重要的他人"保持距离。比如对方对自己来说是不可或缺的。这时"维持自我评价模式"将使人们改变自我定义，降低自己和比较内容的相关度，也就是说完不完成那个课题对你来说已经不是很重要了，有时甚至会完全放弃去做。下面我们举个例子。

有一对兄弟，原本是哥哥一直在努力训练的体育项目弟弟最近也开始练习了。在一场比赛中弟弟表现得比哥哥还要出色。这时"比较过程"开始发挥作用，哥哥会降低自我评价。哥哥为了不降低自我评价，有必要和弟弟保持距离。但又因两个人是兄弟，所以做不到保持距离。

如果一定要解决这个问题的话，那么哥哥只能放弃这项体育运动，开始努力在别的领域争取好的表现。在你的周围或许也有这样的例子吧？

关于和"重要的他人"之间的"比较过程"和"反映过程"，下面介绍的是以小学生为对象进行的实验（特塞尔等，1984）。

这项实验是让参加者们评价自己、好友、普通同学，然后把教师的评价作为客观指标，将两者进行对比。

结果表明，与参加者自身相关度高的领域，参加者给自己的成绩高于客观指标，却将好友的成绩评价得很低。这是"比较过程"产生了作用。与参加者自身相关度低的领域，将好友的成绩评价得很高。这时我们认为是"反映过程"发挥了作用。根据"维持自我评价模式"进行的认知在这里产生了偏差。对于普通同学的成绩，和参加者的相关度的高低无关，都给予了很低的评价。

果然，因领域相关度的高低不同，而把这两个过程分开使用。特别有趣的是，无论是哪个过程发挥了作用，我们都会过高地评价自己。

下面要介绍的这个实验也是与"维持自我评价模式"的预测相关的实验。通过这个实验我们可以弄清楚，当自我评价下降时会发生什么。

把参加者和另一位参加者（本次实验的协助者）放到一起，让他们回答和几个领域相关的问题。比如足球和摇滚乐之类。这样做的目的是弄清楚与参加者相关度高的领域和相关度低的领域。

然后，让参加者和作为对手的另一位参加者一起回答刚才的问题。

之后，告诉参加者结果"平均值是50%"。同时也告诉他对手的是20%、40%、60%、80%中的一个。20%或40%就比参加者成绩低，60%或80%就比参加者成绩高。

然后让他们从各自房间里出来到另一个房间等待。等待的房间里有8个座位。让协助实验的人先入座，参加者后入座，秘密测量两个人坐的距离。再让参加者回答是否喜欢对方以及和对方的相似度，将来是否还想和他一起参加游戏或实验之类的问题。

关于坐的距离，在与参加者相关度高的领域，对方的成绩比参加者越高，参加者坐的距离就越远。与参加者相关度低的领域，距离则变近了。在分析参加者将来的行为意图时，与参加者相关度越高的领域意图越低，相关度低的领域意图越高。

在评价与自己的相似度中，在相关度高的领域，对手的成绩越高则认为相似度越低。我们察觉到参加者与对手的心理距离很远。相关度低时，对手的成绩越高则认为双方相似度也越高，能感觉到和对手的距离被拉近。在评价是否喜欢对方时，则看不出因为相关度的高低产生的差别，对方的成绩越好越喜欢对方。

这些结果显示，和根据领域相关度的高低来维持自我评价的方式所不同，尤其是在相关度高的领域自我评价下降时，参加者表现出和对手保持距离的行为。这些结果支持"维持自我评价模式"的预测。

如上所述，我们知道了"维持自我评价模式"是在发生自我评价要下降的情况下，我们过低评价他人或拉开与他人的距离，也就在和他人的关联性中应付各种事态的发生。

接着我们介绍另一个与"自我评价"相关的理论，那就是"自我肯定理论"（斯蒂尔，1988）。根据这个理论，如果确定了自己的价值，我们在遇到各种事情时即使不改变与他人的关系，也可以维持原有的自我评价。

比如，在失败时，人们通常会进行"下行比较"。"下行比较"是指和那些比自己还要差的人进行比较。"还有比我做得更不好的人"，这样想短期内情绪会得到控制。但是在"自我肯定理论"失败之后，在自己的重要领域中确认自我价值的话，人们便不会进行"下行比较"。

关于这一点的实验（斯宾塞等，2001），让参加者们做一项与知性相关的课题，然后给他们虚假反馈，故意拉低他们的成绩。这么做是为了让参加者降低自我评价。接着继续让他们参加别的课题。这个课题的内容有两个，一个是参加者觉得具有很重要的价值，另外一个不具有重要的价值，让参加者选择其中一个去做。目的是看是否存在自我肯定。

下一步告诉他们为另一个采访的课题做准备，让他们选择想参考的录音。这些录音中有参加最初的课题时比参加者成绩好的人的采访录音，也有比参加者成绩差的人的采访录音，让他们进行选择。选成绩好的人的话就是"上行比较"，选择比自己成绩差的人的话便是"下行比较"。

我们在确认参加者的选择时发现，选择自我肯定的"上行比较"情况要比没有自我肯定的"下行比较"多。

虽然"上行比较"会伴有心痛的感觉，可是我们仍然想得到表现比自己优秀的人的信息，因为那可能有助于自己将来的成长。这也和之前说明的"自我改善动机"作用相关。

→和"过去的自己"进行比较

至此，我们讲了和别人做比较的情况以及做了自我肯定之后的自我评价。最后我们来思考一下在和"过去的自己"比较之后得出的自我评价。这样的自我评价我们称之为"跨时间自我评价"。和"过去的自己"相比，你是如何看"现在的自己"的呢？很多时候我们会认为自己成长了吧。这就是说相比于过去的自己，我们会给予"现在的自己"更高的评价。这时用于比较"过去的自己"是你现在记忆中那时的自己。因为那是从你记忆中检索出来的。你一边选择一边过滤，所以变成了从"现在的自己"的角度看过去的自己。就算没有回忆出"过去的自己"，因为人们都会觉得自己成长了，所以人们回想时会倾向于贬低"过去的自己"。

与此相关的实验（麦克法兰＆阿尔瓦罗，2000）是让参加者叙述关于近两年遇到的最消极的事情，或者是比较消极的事情。之后，让他们评价"现在的自己"和"事情发生前（过去）的自己"。让另一组的参加者叙述朋友所经历的事情，让他们评价"现在的那个人"和"事情发生前（过去）的那个人"。

从对自己和朋友的评价中我们可以知道，自己也好，朋友也好，对"现在"的评价要比"事情发生前（过去）"的评价高。经历过消极的事情之后，人们都认为自己会成长。但是"自己"和"朋友"之间还是存在一些差别的。只有叙述了自己经历过特别消极的事情的参加者，会给"事情发生前的自己"比其他条件下更低的评价。参加者愈发感到了自己的成长。

当我们有了跨越艰难的经验，会认为自己得到了长足的进步。这也是"自我提高动机"产生的效果。

人们给予自己所期望的自我评价，对将来进行乐观的预测，在应对一些状况时对控制力自视甚高，也有研究者把这些现象称之为"积极错觉"（泰勒＆布朗，1998）。

或许你会对那些使用各种手段来提高自我评价的人抱有否定的印象，但那并不是人们不好的一面。努力朝肯定的方向去认同自己，这对我们的生活来说是很重要的，对于我们的成长也是必要的。也正是因为我们朝着积极的方向去认同自己，才可以为自己建立更高的目标，也才会努力去完成那个目标。

尽管如此，当出现过高的自我评价时，也会出现负面的影响。比如，一个在组织中工作的人，过高估计了自己对事物的操控能力，认为自己不在的话事情便不能顺利进行，就不能把工作委托给他人而去休息了。

如果你在休息时还在担心工作的事情，那么你可以降低一些对自己操控能力的认知。最好能觉得就算自己不在，工作也能顺利进行下去，或者即使工作中出现了一些延误，之后也可以进行弥补。

作为和"自己"相关的动机，我们介绍了"自我确认动机""自我评价动机""自我改善动机"和"自我提高动机"。

单独去考虑这些动机的作用时，应该会出现很多矛盾的地方。比如说，如果一个人有了自我提高的动机，那为什么还会出现那些自尊心低的人在"自我确认动机"中仍旧认为自己"因为我是××样的人"而给出很低的自我评价呢？

我们虽然有这些和"自己"相关的动机，但是对不同的人，也许某一个动机更容易在其身上发挥作用。不同的动机根据情况在发挥作用时也存在差异。

比如，虽然我们平时都受到"想成为那个最优秀的自己"这种"自我提高动机"的影响，但当要确定自己能否接受一份工作时，"想更客观正确地评价自己"这种"自我评价动机"更容易发挥作用吧。

我们可以认为，对自身的肯定是我们在无意识中产生的"自动思维过程",而为了达到某种目的要客观正确地认识自己,是有意识的"主动思维过程"。

像这样,我们可以根据不同情况灵活运用各项动机,可以用以解释各种行为或用于应对产生的结果。

第八章　你想让别人如何看你呢

→别人是如何认为你的
——"自我表露"的理由

你有让别人认为你是一个"什么样的人"的想法吧。在阅读了第七章之后这个问题似乎变得难以回答了。如果你认为自己是一个"认真的人",并也"想让别人认为你自己是一个认真的人",受第七章内容的影响,或许你不自觉地就会想:"啊,这是受了自我确认动机作用的影响吧。"

那么我们稍微改变一下问法。你想让同事认为"你是什么样的人",或者你想让朋友认为"你是什么样的人"呢?

比如说你想让你的同事认为你是"有能力的人"、想让朋友认为你是"容易亲近的人"等,对象不同,你的想法也会发生变化。结合你想要给别人留下的印象,或许可以使你的言行举止也发生变化。只是,无论在什么情况下我们都想展示自己好的一面,这一点似乎是永恒的。

我们在别人面前表现的是我们想让他们看到的一面，因此"自我表露"也是有各种原因的（泰斯＆费伯，2001）。首先是管理别人对你的印象（鲍迈斯特，1982），这和刚才的例子"想让对方怎样看呢"密切相关。

另外，在你给别人留下的印象中，也包括了想"自我构造"，这和"自己想成为什么样的人"也密切相关。

我们也可以举出很多例子，是为了能在别人那里留下好印象，尽量展示自己积极的一面，而刻意掩饰自己消极的一面，这便是"控制驾驭感情的理由"（赖瑞，1995）。

→在受到否定评价时更倾向于"期望自我表露"

动机有时候不总是起到相同的作用，尤其是在任务失败之际（施耐德，1969），接受否定评价而使自己的印象产生损害的时候，更倾向于"期望自我表露"。下面我们介绍关于这方面的实验（鲍迈斯特＆琼斯，1978）。

让参加者们接受性格测试，再和初次见面的人结对。之后告诉他们测试的结果时只说其性格好的一面或者不好的一面。然后告诉参加者会把这个结果公布给对方，或者是不公布给对方（本实验还设有其他环节，这里不多做解释）。紧接着对参加者们说"为了将自己的特征传达给对方"，先让参加者对自己的性格特征进行自我评价。

我们在确认参加者的自我评价时发现，告诉参加者已经"向对方公布性格测试结果",并且测试所反馈的结果是肯定的时候,参加者会保守地评价自己的性格特征。

相反,收到否定反馈的参加者,虽然与性格测试相关的内容给予自己较低的评价,但是与性格测试无关的项目却给予了自己很高的评价。可见参加者在对方不了解的领域中给予了自己积极的"自我表露"。

而在参加者知道"没有向对方公布性格测试结果",只向参加者说测试的结果是肯定的时候,参加者会对测试中所有的项目都给予自己较高的评价。

相反,如果只向参加者说测试的结果是否定的时候,在向对方解释时相比"性格测试的结果"给予了自己更高的自我评定。可见受到否定评价的参加者,向他人做了积极的自我表露,以达到管理自己在他人心中印象的目的,也就维持了自己在他人心中的形象。

试想一下我们把这样的结果用在成功和失败上会怎样。

如果自己工作上的成绩让人也知道了,我们在自我展示时会变得谦虚一些。比如,工作顺利完成并受到公司内部表彰,你会说"这次只是因为运气比较好"之类的话吧。

相反,工作上的失败如果让别人也知道了,我们便会努力在其他领域中向别人展示自己的能力很强,会说"虽然这个项目我们遇到了一点问题,但是其他项目我们都进行得很顺利"之类的话。

与之相对的,虽然在工作中取得了成绩,但是别人不清楚你的业绩之时，我们会说"正是因为有了我，这项工作才顺利地进行下去"，以便在别人面前展示自己的能力很强。虽然在工作中遭遇了滑铁卢，但如果别人不知道情况的话，便会说"我是一个有能力完成工作的人"之类的话来展示自己。

令人感兴趣的是，自己的测试结果被"告诉给对方"的参加者们，会在不相关的领域，也就是在对方不清楚的领域上做一个自己所期望的自我表露。

用刚才的例子来看，如果自己的失败被他人所知，那么就会向别人展示自己别的项目做得很好。即使那个项目的未来也并不明朗，你可能仍然会说做得还不错。

当我们自己的成果或者成绩还不被他人所了解时，尤其倾向于去做积极性的自我表露，以期从别人那里得到肯定的评价。下面介绍与此相关的实验（施伦克 & 赖瑞，1982）。

这项实验是给参加者们看一个剧本，然后让他们评价是否喜欢里面的人物。剧本的主要内容是"一个人在完成课题之前或者之后，谈关于自己成果的等级"。根据剧本内容从低到高设成了五个不同的等级。

这个剧本的后续是把课题结果分为写出来或者不写出来两种情景。当被写出来时，此人的课题结果是上述五个等级中的一个。

在确定参加者是否喜欢此人时我们发现，如果是在课题开始之前，也就是知道结果之前，此人越是肯定自己，越会赢得参加者的好感。可见，做积极的自我表露，也会给别人留下好的印象。

另一面，在知道课题的结果之后，此人对自己的评价和实际结果相符时，会赢得好评。可以说，当自己的评价得到客观上的认可时，会给别人留下好的印象。

读到这里时，或许你会想说"如果是我的话，可不会对别人说自己有很强的能力"。也有人会想，"尤其是对于那些认识的人，可能做出更谦虚的自我表露"吧。过往的研究已经证明，人们对第一次见面的人会做出积极的自我表露，而在朋友的面前会做出谦虚的自我表露（泰斯等，1995）。实际上，否定的自我表露在生活中也经常出现，其出现原因，让我们一起往下看。

→ "自我表露"的两个方式

我们把"自我表露"分为"主张式的自我表露"和"防卫式的自我表露"（琼斯＆皮特曼，1982）。两者的不同取决于自己是否积极地去操控他人的印象。下面介绍这两者主要的策略。

主张式的自我表露

首先介绍主张式的自我表露所包括的策略，分为"奉承""自我宣传""示范""威吓"和"哀求"五种。

我们有想让别人喜欢自己而去讨好别人的时候。迎合对方或者说一些恭维的话也被包括在内。此类的"奉承"作用于对方肯定的一面，如果成功的话就会博得对方的好感。部下对上司说"不愧是您"之类抬高对方的话也正是与此对应。但是，当你的动机被别人看穿时，就不会起到好的作用了。

下面的两个例子也属于"主张式的自我表露"。向对方肯定自己的能力或者价值被称为"自我宣传"。部下向上司展示"自己工作能力强"便是自我宣传。这样的宣传会给对方留下肯定的印象，但是一旦与实际能力不符便会产生相反的效果。

宣传自己优秀的道德品格就是所谓的"示范"，也和上述情况一样。上司对部下展示自己"对部下是一视同仁"时，如果上司的实际行为与其不符也会产生相反的效果。

"主张式的自我表露"也不止限于向对方肯定自己。"威吓"便是告诉对方自己对于他来说是一个危险的存在，其目的在于控制对方。上司威胁部下说"如果这个工作完成得不好的话，年末评估会给你降档"便是如此。

另外，"哀求"是向对方展示否定一面的自己，成功的话会得到对方的帮助。部下对上司说"工作完成得不顺利，求您了，有什么办法吗"就是如此。

"威吓"和"哀求"有时候也并不会如你所愿，这时对方对你的印象可能更趋于否定。

五项之中的"奉承"和"哀求"是把对方当作比自己更优秀，或者说是主张自己比对方还要差劲，来得到自己所期望的印象或行为的策略，是否定的自我表露，也被称为"自卑式的自我表露"。

防卫式的自我表露

"防卫式的自我表露"是对自己的消极印象进行规避的行为。其中也包括在知道事情结果之后，对其进行的"辩解"和使其"合理化"之类的内容。

也有在事情的结果明朗化之前进行的"自我妨碍"策略。"自我妨碍"是指"为了得到更多赞赏的机会，选择性地把失败归于外部影响，把成功归于自我能力的行为和表现"（贝格拉斯＆琼斯，1978）。

我们为了保护自己的自尊心和对自己能力的一贯认知，在做事情之前会选择故意不那么努力去做或者故意降低自己成绩的事情。这是"行为上的自我妨碍"。

学生时代没有在马上要考试的时候却去打扫房间或整理书桌的时候吗？或许你自己认为"整理环境是为了集中精力去学习"，但是这可能是"行为上的自我妨碍"。

另外有时夸张地对别人说自己的不努力，有时汇报说有别的事情耽误了准备，这些是"语言上的自我妨碍"。这样的策略，很多时候在重要结果不确定时出现。

比如说在工作中需要做一个重要的谈判。即使在这样的情况下，仍然把别的项目的协商或者对后辈的指导划入日程之中来减少准备的时间。和周围的同事说"突然要接手别的工作，没有时间去准备"。事先这样做了，即使谈判万一没有成功，可以把失败归咎于忙于别的工作，而不会归咎于自己能力的不足。如果谈判成功，会让人认为即便在百忙之中也能把各项工作顺利完成，可以得到"是个能力很强的人"的评价。

可是经常用这样的策略，也会给人留下否定的印象。

你也有过下列经验吧——考试前说"完全没学习，什么也不会"，考完试却取得了很好的成绩。第一次，你会觉得那位同学"没怎么学就能取得好成绩真是优秀"。如果这位同学在之后的每一次考试都这样说的话，你就会想"是真的吗"。在那之后，你发现那位同学实际上为了考试很努力地去学习，你反倒会对那位同学形成一个否定的印象。

对方一定是打算一边"自我妨碍"，一边宣传自己的能力强吧。可是被人看破之后，反而会给人留下负面印象。

总之，如果把适当程度的"自我妨碍"当作"自我表露"的策略来成功使用的话，也能帮助维持个体的自尊心。下面就介绍与之相关的实验（麦克拉肯，2008）。

在测定参加者的"自尊心"的强弱之后，让他们解答两道智力测验题。然后告诉他们一道答对了，另一道答错了，还有这个考试不经过充分的练习很难取得好成绩。

之后给予半数参加者充分练习的机会，而另一半却不给其练习的机会。再让他们回答20个智力测验题，欺骗他们说成绩不是很理想。然后，让参加者们回答"如果××的话，会取得更好的成绩吧"这种与事实相反的假设。最后再一次测定参加者们"自尊心"的强弱。

通过分析参加者的回答我们发现，没有获得练习机会的参加者比获得练习机会的参加者给出了更多的关于练习方面的与事实相反的假设。比如他们会说"如果练习的话，会取得更好的成绩吧"之类的话。

在研究与事实相反的假设与自尊心之间的联系时发现，获得练习机会的参加者们形成的与事实相反的假设越趋于变小（不找借口），他的自尊心也会变得越弱（打击越大）。因为虽然已经获得练习的机会，但是成绩依然不好，所以我们认为其越后悔对自己的自尊心的打击也就越大。

另一面，对于没有获得练习机会的参加者，我们没有从他们中观察出与事实相反的假设与自尊心间的联系。在这个条件下的参加者，会使用"自我妨碍"来解释说"正是因为没有得到练习的机会，因此没有取得好的成绩"。可以认为正是因为这个原因才没有导致自尊心下降。换言之，他们得到了"自我妨碍"的机会，从而利用"自我妨碍"来维持了自尊心。

→ "自我表露"会如何影响自己

"自我表露"会使自我概念发生变化。想想如果你是一个组织的领导，为了尽职，下意识去做得"像一个领导"，这时很可能在自我概念中出现"有统率力的我"和"行动力强的我"。下面介绍产生此类影响的实验（泰斯，1992）。

在参加者回答与自己相关的问题的同时，让他们做一个内向或者外向的自我表露。在回答问题期间，告诉参加者别人可以透过魔法镜看到你（公布条件）或者看不到你（隐藏条件）。在回答完问题之后，让他们进行自我评价。

为了对结果进行分析，我们先确认了参加者的自我评价。最后得出，和做出外向自我表露的人相比，做出内向自我表露的人对自己的评价也倾向于内向。这个效果在加上可以被别人看到的条件之后又被放大（更内向）。说明参加者在别人面前进行自我表露时，自我表露趋于内在化，容易去采用原有的自我概念。

在后续实验中，先让参加者搬把椅子去接待室等待。在参加者进入接待室之前，已经安排一位其他参加者（协助者）坐在接待室里测量参加者与协助者的距离。然后记录两者在3分钟内的对话。

测量椅子的距离时我们发现，与做出外向自我表露的参加者相比，做出内向自我表露的参加者会把椅子放到更远的距离。同样，这个效果再加上公布条件，也就是在别人面前进行自我表露时被放大（距离更远）。在公布条件下，和做出内向自我表露的参加者相比，做出外向自我表露的参加者开始和协助者说话的比例更大。但是在隐藏条件下两者却没有差距。可以看出，因为在别人面前做自我表露而使自我概念发生了变化，这个变化也对行为产生了影响。

这个结果告诉我们，根据所做的自我表露，我们的自我概念也有可能发生变化。做出外向性格的行为，尤其是在别人面前做出外向性格的行为，是因为自己认为存在"外向的自己"。在和别人接触时会试着做出更偏向于"外向的自己"的行为。

那么请想象一下如果你变成了一个领导，你的心境会发生什么样的变化呢？

在刚才介绍的实验中，因为参加所做的自我表露是在短时间内进行的，所以他们自我概念所产生的变化很可能也是一时的。

可是，如果我们在现实中成为一个组织的领导，在工作中常常要求自己的自我表露像一个领导。当然，这样的自我表露是在部下等其他人面前做出来的。时间一长，我们的行为就会真正像一个领导一样，我们也会把自己当作"作为领导的自己"吧。那么习惯成自然，不用去刻意表演，领导的气质就会自然地在你身上体现出来。所以根据上述内容，"职责培养人"的说法也是成立的。

第九章 "别人是如何想你"的呢

→我们引人注目吗
——聚光灯效应

我们倾向于认为自己的行为举止比实际中更吸引人们的注意,这样的倾向被称为"聚光灯效应"(季洛维奇等,2000)。

比如说我们在平坦的大道上不小心摔了一跤,你会感觉周围的人都在看自己,会感到特别的不好意思。

还有,在刚进办公室时不经意间看了一眼脚下,可能是因为出门太急的原因,发现自己穿的鞋子和衣服很不搭。这样不协调的搭配同事们都察觉到了吧?如此,导致一整天都坐立难安。因为自己很关注,便认为别人也很关注,然而实际上周围的人并没有那样关注你,你的同事也并没有在意你的穿搭。

自己行为举止的变化,并不像自己想象那样受到周围人的关注，下面介绍一下与此相关的实验（季洛维奇等，2002）。

把互不相识的参加者编成一个三人组，让这三个人玩红白机游戏。一名参加者是游戏角色 A，另一名是游戏角色 B，游戏角色 C 在看前两个人玩。告诉他们"玩五个回合的游戏"，每一回合结束之后，让他们对下列事项进行评价。

要求玩游戏的两位参加者评价自己的表现还有对方的表现，并且推测另一位玩游戏的参加者和 C 对自己表现的评价。因为要进行五个回合的游戏，要研究游戏中参加者表现的变化，要研究参加者在每个回合中各环节的表现。

如果产生了"聚光灯效应"的话，参加者会认为自己在游戏中各个环节的表现所受到的关注比实际上更多。研究这个问题，我们只需把其他两位同伴的实际评价和其自身的推测对比一下就可以。

分析结果时我们发现，参加者放大了游戏伙伴对自身表现的预测。也就是说各自在游戏中每个环节玩得好不好这件事上，我们可以认为是产生了聚光灯效应。但是实际上游戏伙伴并没有那么关注你在某一点上做得好不好。

玩游戏的两个人对在一边观战的参加者 C 所给评价的预测和实际预测并没有出现太大的差异，只是在两个游戏参与者之间出现了差异，我们可以认为这是因为这两位参加者并没有意识到"对方也忙于玩游戏"所导致的。

如刚才的例子所示，我们穿着和平时不同风格的衣服去上班，觉得自己会像在聚光灯下那样被关注，但是同事们都忙于自己的事，不会把注意力放到别人的穿着上。如果换位思考，你有时候或许也不会注意到身边的人换了发型吧。

→真的会像你预期的那样吗
——透明度错觉

我们有时候会认为自己想的或感觉到的事情，别人也同样如此。

亲近的人之间有时候确实不需要语言沟通便能理解对方。如果说对方理解你的程度和你所认为的是相同的话，那便不会出现什么问题。但很多时候我们高估了对方对我们的了解，这被称为"透明度错觉"（季洛维奇等，1988）。

在与"透明度错觉"相关的实验中，我们做了让参加者撒谎的游戏，具体为喝了难喝的东西却不改变表情的实验。让他们推测对方能否看出来自己喝的是不是难喝的东西。在对结果进行分析时，比起周围人的评价，参加者更多地认为自己隐藏的一面被看出来了。

为了思考别人是否了解自己，必须要站在"别人的角度"来考虑问题，这种方法被称为"换位思考"。可是我们总是不自觉地就以自我为中心进行思考,我们认为偏差产生的原因便是不能充分站在别人的角度去思考。如果是这样的话,越是把注意力放在自己身上,"透明度错觉"就会变得越大。下面介绍与此相关的实验(沃劳尔&罗斯,1999)。

在这项实验中,首先,把一半的参加者分为"行为者",而另一半参加者分为"观察者"。先让"行为者"们读三篇文章,再让他们选出相关问题的选项。下面是文章和选项的一个例子。

四个月前你把朋友的女儿雇用为秘书。虽然说这位秘书不太会工作,但还是特别努力在做。这位秘书的父亲对你一直很照顾。和他的友情对你来说很重要。他相信自己的女儿是很优秀的,而且还和你说过"自己的女儿特别喜欢这份工作"。

选项:
A. 给她配一位助手,让这位助手来给予其关照并弥补她出现的错误。
B. 直接让她辞职。
C. 故意给她一些难的工作,让她知难而退。
D. 让她进修。

把行为者回答这些问题的答案告诉给观察者。让观察者通过这些答案，用30个富有特征的词来评价对行为者的印象。

接着让行为者做下列两个课题。

第一个课题是让他们自评，看看他们从自己的回答中能多大程度地正确判断自己。让其列举出和自己的性格特征相关的30个富有特征的词，再看这些词中有多少是和观察者描述的词一致。另外一个课题是，判断被给出的30个富有特征的词与自己的对应程度。

我们通过调整两个课题的先后顺序来观察自我关注程度的变化。自我关注低是指先推测别人对自己的评定之后进行自我评定。自我关注高则相反，先做自我评定再推测别人对自己的评定。对比两者我们发现，自我关注高比自我关注低更容易通过他们的回答而被观察者看懂。但是对于观察者来说，在两个条件下并没有产生什么差距。这是由于过于自我关注而导致不能对别人进行有效的"换位思考"，而使"透明度错觉"也随之变大。

从仅有的行为信息中，我们自身的很多方面连自己都不甚了解，但我们却认为自己能看懂别人的内心世界。尤其是在要隐藏真实的自己时，或者是在只专注于自己的事情时，也就是说把注意力转向自己时容易产生"透明度错觉"。

上司在开玩笑的时候，你和周围的人附和着笑了，这时你的内心可能会想：自己的表情会不会显得有些不自然，担心自己内心的想法被人看穿。这就是我们上述所说的内容。

→我会被选上吗
——自我目标偏差

"聚光灯效应"和"透明度错觉"都与"自我中心性偏差"相关。"自我中心性偏差"是指我们过度地把自己作为事情发生的原因或者目标（祖克曼等，1983）。"自我中心性偏差"在第二章的"自我服务偏差（自利性偏差）"中也说过。在很多人做同一个课题时，总是认为自己对课题的贡献度比别人的要大。

把自己作为目标的过度意识，我们称之为"自我目标偏差"。如果出现要在一些人中选一个人的情况时，我们倾向于认为自己会被选。

下面介绍关于这方面的实验（芬宁斯坦，1984）。

让参加者八个人一组，横着坐一排，然后告诉他们"八个人中只选一位来演示实验"。之后向他们中一半的人说演示的内容是好的，向另一半的人说演示的内容是不好的。最后让一半的参加者回答自己被选上的概率，让另一半参加者回答坐在自己旁边的那个人被选上的概率。

我们在确定参加者的回答时发现，和演示内容的好坏无关，参加者回答认为自己会被选上的概率，要高于认为别人被选上的概率。尤其是那些被认为是自我关注度高的参加者,效果则更为明显。也就是说越是自我关注度高的人,就越是认为自己可能成为被选的目标。

比如说学生时代,有时候上英语课之前没有做任何准备。虽然必须要提前做预习和翻译好英文句子,但是你连单词都没查,笔记本完全是空白的。你越是觉得被老师提问会很糟糕,就越预感自己会被提问。或许,你在公司开会,也会有一样的心情吧。

第十章　你"所了解的自己"是真正的自己吗

→如果脑海中浮现出"重要的他人"的话，会改变对自己的看法

在第七章中我们介绍了"自我概念"，同时也介绍了我们对自己的概念也随着情况的变化而变化。"自我概念"不仅会受到临时因素的影响，有时也因为激活某些"重要的他人"的概念而发生变化。

"重要的他人"，如文字所示，就是指我们认为和自己有"重要"关系的人，包括父母、兄弟、亲朋好友和搭档等。因为对上述他人的了解也被编织在"自我概念"里面，因此激活"他人概念"也会给"自我概念"带来影响。也就是，在脑海中浮现出"重要的他人"时，会改变对自身的看法。下面介绍与此相关的实验（鲍德温等，1990）。

参加这项研究的人是学习心理学的研究生。对于他们

来说，作为研究所所长的心理学家便是"重要的他人"。研究者们事先准备了研究所所长不开心的照片和某个研究生开心的照片。

这项实验先让参加者叙述他们的研究想法。一边对于上述研究想法进行自我评价，一边让他们做另一个课题。这个课题是根据光亮的明暗闪烁来按反应按钮。在做这个课题时，不给参加者任何反应时间，瞬间放出研究所所长不开心的照片或研究生开心的照片。也就是说在参加者进行自我评定的无意识之下，激活重要的他人（研究所所长）或者不重要的他人（别的研究生）的概念。

在对自己的想法进行确认之时，看到别的研究生照片之后的评价比看到研究所所长照片之后的评价更趋于肯定。我们可以认为因为看到了研究所所长的照片，所以激活了"重要的他人"的概念，进而降低了参加者对自己的评价。产生这种结果的原因可能只是因为否定的概念被激活，但是也可能和是不是"重要的他人"无关，只是因为一张不开心的照片而影响了自我评价。

为了研究这种可能性是否存在，接下来的实验是准备一张不开心的研究所所长的照片和一张不开心的罗马教皇的照片。另外作为比较，准备了白色的图像。这次委托一位信仰天主教的女本科生参加实验。在这里我们可以认为对于参加者来说，罗马教皇更为重要，相比之下研究所所长重要性比较低。

这项实验也是先委托参加者做课题，但是在这个课题里包括关于读某位女性梦到与性相关的故事。在之后的课题看光的明暗闪烁时突然呈现研究所所长、罗马教皇、白色图像其中的一个瞬间。在确认参加者没有注意到照片或者图像之后，让参加者对自身进行评价。

从参加者的回答中我们发现，特别是对那些热心于宗教的参加者来说，和其他两张照片相比，当罗马教皇的照片被呈现出来时，自我评价变得更低了。我们可以认为当激活了罗马教皇的概念，无论进行研究的顺序怎样，都会因为自己读了那样的故事而给予自己很低的评价。这个效果表明，随着"重要的他人"编入"自我概念"的程度发生变化，自我概念也会发生变化。

编入"自我概念"的"重要的他人"的概念是在无意识之中影响了我们对自己的看法。在上述研究中，参加者没有意识到看到了那些人的照片但却对自我评价产生了效果。

另外，"重要的他人"的概念有时候也在与重要的他人相似的人出现时被激活（欣克利 & 安德森，1996）。我们所看到的自己也并不是一成不变的。比如说工作中的上司和学生时代的恩师很相似，那么你和上司在一起时，或许就会像你和恩师在一起时有相同的表现。

→ "内省"的界限

前文介绍了我们即使是在自己无意识的情况下,"自我概念"也会随着情况的改变而改变。但是,我们也有一部分是自己所不能意识到的。

比如说,有时候即使自认为对某个人抱有好感,一旦要思考其中的原因,我们便改变了自己之前的想法,这种情况时有发生。那是因为我们没有办法去接近真正的原因。

很遗憾,我们的"内省"也是存在界限的。有时为了不得不列出原因而勉强去编造一些,最后又因为那些理由不相符而产生了混乱。这时就会出现人们在做自我总结时得出的结果和实际不符。

有一项实验的最开始是委托参加者进行一个智力游戏。这时,让一半的参加者一边做一边评价游戏是"有趣的"还是"无聊的",或是进行"为什么那样想"这样的"理由分析"。剩下一半的参加者什么也不让他们说,只让他们做。

在这个游戏结束之后,让参加者们来评价这个智力游戏,同时记录参加者在等待的时间里是否还在玩这个智力游戏。根据调查得出的态度和行为的关联,我们发现,提前通知给出"理由分析"的参加者的自我总结中得出的态度和行为的关联性很低。认为智力游戏"很有趣"的参加者在等待时反倒没有玩这个智力游戏,相反,认为智力游戏"很无聊"的参加者在等待时却在玩这个智力游戏。

下一个研究是把风景照做成幻灯片给参加者看，然后再设两个条件：一个是看了幻灯片之后有什么样的感受，再让他们进行"理由分析"；另一个是什么也不要求他们。

接着，让他们做对照片评价的自我总结，记录正在看幻灯片的参加者的表情，推测参加者的行为，再对参加者的自我总结得出的态度和行为之间的关联性进行分析。这时我们发现，进行"理由分析"的参加者的态度和行为间的关联性也很低。

整理下到目前为止得出的结果。总结为，无论让参加者对智力游戏还是照片做"理由分析"，通过评价得出的态度和行为均不一致。

那么让我们来介绍下一个实验。这次是让情侣参加，让他们评价两个人的关系（或许你已经隐隐约约感觉到了会发生什么吧）。

实验中，情侣来到之后，把他们分别引入不同的房间，然后让半数的情侣分析并记述"和对方维持恋爱关系的理由"。而剩下那一半的情侣不这么做。

接着，要求参加者对"他们两个人的关系"进行评价。这就是他们做自我总结得出的态度。接下来，让两个人一起完成与解决问题相关的课题，这时记录并分析他们的非语言行为。这是为了测定他们的短期行为。而为了测定情侣之间的长期行为，在32—41周之后再联系他们，要求他们汇报两个人是否还在交往（那么，你已经预料到这个研究的结果了吧）。

做出"理由分析"的情侣，其自我总结和两个人是否仍在继续交往的关联度很低。这表现为，很多情侣一边说"对两人间的关系感到满意"，一边却又在一年之内分手了，而对两个人的关系没有那么满意的情侣却仍在继续交往。分析感情评价和短期行为的关联时我们发现，虽然只是一部分指标，但是"理由分析"的影响得到了认可。

从上述的实验结果中我们知道，"自己为什么会那样认为"，分析其中原因时，这个原因未必就是对自己的深入理解。再者，"理由分析"放低了对自己行为的预测（威尔逊 & 拉弗勒，1995）。对所选商品的满足感降低了（威尔逊等，1993）之类的想法我们也知道原因了吧。基于仿佛很有道理但却不是真实的想法来表达自己的态度，而导致态度和行为发生了偏离。

所以，我们最好避免去做那些单纯为了了解自己而做的"理由分析"。比如，最好不要向你的另一半询问下面这类问题，如"你为什么要和我交往""你为什么喜欢我"。

→如何用"自我总结"探寻那个难以发现的自己

本章到目前为止，介绍的实验多数都是要求参加者根据"自我总结"对自己或他人进行评价。可是在关于"理由分析"的研究中，正如我们所看到的，我们的行为很可能在无意识的过程中产生。完全准确的"自我概念"基本上很难做到。也就是说我们肯定存在连自己都无法意识到的一面。

那么，根据"自我总结"预测出来的自己，不是"真实的自己"吗？对于这个疑问，可以像下面这样回答：即使不能十分接近，但是根据"自我总结"得出来的评价也不能说是完全不对的。并且，我们自认为是"××样的人"，也并不都是错的。

对我们来说，也有"容易接近的自己"和"不容易接近的自己"。前者的态度我们根据"自我总结"是可以推测出来的，而为了推测后者的态度，必须要用接下来介绍的方式。

有时也需要在"自我总结"上做其他的调整。比如说，对"你喜欢工作吗"这个问题，你会怎么回答呢？

如果这个问题在上司评估员工的谈话中被问到的话，也许你会考虑回答出一个符合对方期望的自己。即使在一些场合中没有必要去考虑对方的期望，但是因为你也不想让别人否定自己在工作方面的努力，所以也会给予积极的回答吧。这时，我们是在下意识地调整自己的回答。总之，自我总结的内容在这里受到了"调整的影响"。

社会心理学发明了用间接的方式来测定像这样"难以

接近"的自己或"调整的影响"后的自己，"内隐联想测验（IAT）"便是这样的工具（格林沃尔德等，1998）。我们省略掉详细的说明，可以把它理解为测试概念之间联系的紧密程度的方法。

比如说给予自己积极肯定评价的人，那么这个"自己"和积极的事物之间的联系便是紧密的，和消极的事物之间的联系便是疏远的。另外，"其他人"和积极的事物之间的联系也是疏远的。因此，我们可以认为"自己"和"价值"之间的联系要比"自己"和"无用"或者"别人"和"价值"之间的联系都要紧密。

如果把这些单词分成两组的话，"自己""价值"或者"别人""无用"，按这样的方式会简单而快速地把它们分在相同的组里。但是把"自己""无用"或者"别人""价值"放在同一组里进行分类则既难又耗费时间。容易分类的组合和不容易分类的组合所需要的时间差距越大，就可以认为他的自尊感越强。

利用这样的方法可以间接测定"自尊心"的强弱。我们通过对比上述研究得到的指标，与直接询问参加者得到的"自尊心"的指标可以知道，测试与回答之间没有特别强的关联（格林沃尔德&法纳姆，2000）。因为在通过思考来回答"自己"的过程中调节起着重要的作用，所以我们认为用间接的方式测出来的结果会不同于此人的一贯想法。

那么，为了了解"自己"，怎么办才好呢？虽然这是个很难的问题，但是有一个方法，就是观察自己的行为，以此为根据推测自己的态度。

比如说，如果你想知道你给予了自己多大程度的积极评价，那么试想一下到现在为止从周围得到的反馈之中，你更关注好的事情还是不好的事情。

在你身上发生过在员工评估的谈话中，被告知作为正面的应该继续增强的点和作为负面的应该改善的点时，而你却更倾向于关注其中一点或者只记住了其中的一个。如果是这样的话，我们就可以以此为根据来推测自己自尊心的程度了。如果是正面的事情容易被回忆出来的话，是自己的自尊心强吧。

一些读者会觉得"在哪儿听过（读过）"类似的说明吧。这就是我们在第七章中说明"自我确定动机"时所介绍的（斯托里，1998）所得到知识的活用。像这样根据观察行为所得出的推论，不仅对了解自己有帮助，对了解别人是如何看自己的也行之有效。

第四编

"团体"的印象是如何打造的

第十一章 你如何看"那些人"

→刻板印象、偏见和歧视

在第一编中,介绍了存在"团体"范畴情况下的一些偏差,是有关"本团体(自己所属的团体)"与"他团体(自己以外的团体)"的区别的偏差。在此对"他团体"以及对其成员的印象的形成进行说明。

所谓的"刻板印象"是指对特定集团成员的属性进行概括得出固定的看法。例如,在第二编中所举的例子,对于"团体运动项目的队长"这一范畴,往往与"外向性格"的属性联系在一起,存在深信"团体运动项目的队长是外向的"情况。我们可以称之为对于团体的"认知结构(图式)"。

像这样在模式中加入"好"与"坏"的个人评价以及"喜欢"或"讨厌"的个人感情,就是所谓的"偏见"。例如"团体运动项目的队长是外向的,所以是好的"就属于上述类型。尤其是伴随否定评价和负面感情的刻板印象,我们则更容易称其为"偏见"。

再基于这样的"偏见"做出选择或决定之类的行为,我们称之为"歧视"。例如,在招聘销售岗位人员时会给予有团体运动项目领导经验的人优待,就属于这种情况。

那么接下来我们来分析一下,我们为什么会对特定的团体成员产生类似的刻板印象,为什么这样的刻板印象又会被维持下去。

→ "刻板印象"是如何形成的
——"刻板印象"的形成

把一些他人视为一个整体,对这样整体所持有的印象也和"刻板印象"的形成密切相关。我们的认知以各种形式影响到"刻板印象"的形成。首先,我们要从"范畴化"过程和"错误相关"现象来考虑。

"范畴化"的影响

我们在日常生活中会与很多人相遇,因此需要快速判断对方是什么样的人,接下来如何与对方打交道。希望大家能回忆起在第一编中所介绍的印象形成的"双过程模式"与"连续体模式"。正如之前所说的,通过把他人"范畴化",可以对那个人形成初步的看法。

在日常生活中,我们经常把他人"范畴化"。坐电车时,当前面站着一位老人,我们会起身让座;当站着一位年轻人,我们则会继续坐着。这种行为是根据年龄把对方"范畴化"之后才做出的行为。因为很容易从外表来判断一个人的年龄，所以年龄也很容易被作为一个范畴来使用。

同样，通过人们的视觉可以直观看到的如种族与性别等，也经常被当作判断他人的范畴来使用。把他人列入范畴本身并不是件坏事。但是，需要注意的是，像这样的范畴化关系到"刻板印象"的形成。

正如在第一编中介绍的根据"本团体""他团体"的范畴化，产生"偏袒自己所在团体的现象"与"团体的均质性""黑羊效应"。尤其是"团体的均质性"容易对其他团体产生感知。也就是说把某单个成员的特征视为其他团体其他成员也具有的共同特征。

例如，当你看到非裔美国运动员在体育比赛中表现出色时，你可能会认为那个种族的人身体素质都很好。但是，应该也存在身体素质不好的人。在外国人的眼中，日本人的形象往往被认为是彬彬有礼的，但是肯定也有不讲礼貌的人。像这样，把团体的其他成员看作是一样的，可能会产生"刻板印象"。

"错误相关效应"的影响

另外，有两种作为与"刻板印象"的形成紧密相关的情况被谈论至今。即使这两种情况实际上不存在任何关联，或者只存在微弱的关联，我们也会感觉到两者的关联性很强。

一种情况是少数派团体容易引人注意。例如，在女性占大多数的职场中少数的男性会更吸引人们的注意。另一种情况是不符合期望的行为比符合期望的行为更容易引起人们的注意。如果在这种情况下男性员工做了一些不符合期望的行为，就容易把男性这一范畴和不符合期望的行为特征结合起来记忆，并认为两者是有联系的。这种把两者错误地关联在一起的现象称为"错误相关效应"。接下来介绍一下有关该现象的实验。

在这项实验中，发给参加者一本小册子并阅读其中的内容。这本小册子中包含39个人物，每人一页，上面写着那个人的名字、团体名称（A或者B）和行为（"符合期望"或者是"不符合期望"）。

行为的内容具体如下：A团体中18名成员做了"符合期望的行为"，剩下8名成员做了"不符合期望的行为"。B团体中有9名成员做了"符合期望的行为"，另有4名成员做了"不符合期望的行为"。要求参加者每页读10秒钟，读完之后等待4分钟，再之后把记住的内容全部写出来。

紧接着告知他们A团队有26人，B团队有13人，让参加者回忆并回答两个团体"符合期望的行为"与"不符合期望的行为"的数量，并要求评定对两个团体的"喜欢程度"。

通过分析参加者的记忆我们知道，"不符合期望的行为"比"符合期望的行为"更容易被人记住。而且，少数派B

团体中"不符合期望的行为"比 A 团体"不符合期望的行为"以及两团体的"符合期望的行为"都让人记忆深刻。此外关于喜欢程度的评定中，回答的是更喜欢 A 团队。

从实验中的行为数量上来看，无论是哪个团队，"符合期望的行为"和"不符合期望的行为"的比例都是一样的。尽管如此，少数派的"不符合期望的行为"更容易给人留下印象，也正因如此降低对那个团体的好感。也就是说把"少数派团体"与做了"不符合期望的行为"这两个引人注的点联系到了一起。

像这样，因为该团体是少数派可能就容易导致对该团体形成否定的"刻板印象"，正如前文所述身处女性较多的职场中的男性一样。相反，身处男性较多的职场中的女性，如来日本的外国人，当这些人做出"不符合期望的行为"时会更加引人注意，而导致很容易形成对团体范畴的否定"刻板印象"的结果。

→ "刻板印象"难以改变、难以消除
—— "刻板印象"的维持

"刻板印象"一旦形成就很难改变，也很难消失。我们的认知以各种各样的形式维持着"刻板印象"。让我们从信息处理过程中"确认偏差"的作用、"子类型化"过程、"刻板印象的内容"这些影响来考虑这个问题。

"确认偏差"的影响

正如在第二编中所看到的,我们在对他人信息的"探索""记忆""解释"以及"预测"的四个阶段中,确证自己的信念。

如果遇到的 A 有做团体项目运动队长的经验,则会从 A 的相关信息中寻找与"团体项目运动队长是外向的"这一"刻板印象"一致的内容,比起那些和外向特征无关的信息,这些信息更容易被记住。即使得到了与 A 相关的新信息,也会按照外向性格去解释,甚至在预测 A 的行为时,也会认为 A 会做出外向的行为吧。正是这种"确认偏差"的作用使我们的"刻板印象"得以维持。

"子类型化"的影响

与维持"刻板印象"相关的另外一个程序则是"子类型化"。当所提供的信息与团体的"刻板印象"不一致时,在该团体中就会产生"子类型(下一级团体)"(韦伯 & 克罗克,1983)。

例如,新认识的 B 虽然是团体项目运动队长,但是经过交谈察觉到他完全不外向。之后遇到的 C,虽然他也有过做领导的经历,但是不外向。

在这种经历不断累积之下,"团体项目运动队长是外向的"这一"信念"被纠正也就不足为奇。可是,一旦产生"子类型化",情况就不是这样了。往往认为,在"团体项目运动队长"这一团体当中,似乎也存在着"沉默寡言的队长们"这种例外的子团体。

因此,遇到不外向的团体项目运动队长时,也会认为"这个人是个例外"。于是,"团体项目运动队长是外向的"这一刻板印象就原封不动地得以维持。

同样,假设公司的男领导曾经持有一种"女性工作能力不强"的刻板印象。刚调来的女职员 A 以及刚入职的女职员 B 都是很优秀的员工。因为遇到她们,一直以来的"信念"得到纠正,领导会重新审视女性的工作能力。

然而,即使在这种情况下,A 和 B 也有可能只被当作例外的"职业女性",这样的话上司很可能对一般女性的刻板印象会继续维持下去。

你注意到了吧,我们在日常生活中使用"职业女性"这一表达方式,在刚才的解释中也用到了这个词。那么,这个词正是显示了女性团体的"子类型化"。

"刻板印象的内容模式"中的团体定位

作为维持"刻板印象"的又一相关内容,它可能会让我们对其他团体的看法产生影响。关于这个内容,让我们介绍一下"刻板印象的内容模式"(菲斯克等,2002)。

从我们看待他人的视角来分析表示性格的词语的相关实验中,我们发现其中包括了"社会性的好与坏"与"知性好与坏"(罗森博格等,1968)。接下来我们介绍几个在实验中列举出来的特征。

在"社会性好坏"的轴线上,有积极意义的"诚实""善于社交""热情"以及消极意义的"不诚实""冷淡""冷漠"等被定位在两个极端。而在"知性的好坏"的轴线上，具有积极意义的"科学""毅然""勤奋"以及有消极意义的"愚蠢""轻浮""没有理解能力"等被定位于两个极端。

也就是说，我们是基于对方人品的好坏与能力的高低来审视那个人的。你在评价别人的时候，"A很温柔""B很优秀"之类的表达方式用得也很多吧。

我们对"团体"似乎也是基于这样的方式来评价的。在研究分析对各种团体的印象时，以"热情"和"才能"这两种方式来展示对刻板印象的理解。用这两种形式来表示刻板印象便是"刻板印象的内容模式"。

根据这一模式，团体之间的地位或竞争将决定其他团体的定位。具体来说，比本团体地位低并且不构成竞争关系的团体（例如老人们），会有"虽然很热情但是能力低"的刻板印象。另一方面，比本团体地位高，并且构成竞争关系的团体（例如高学历的人们），带有"有能力却很冷"的刻板印象。

在一方面进行肯定，却在另外一方面贬低对方团体的行为，是具有矛盾心理的（两面价值的）刻板印象。

此外，也有像"既冷漠又无能"，无论在哪方面都被轻视的团体。当然也存在像"既有才又热情"，无论在哪方面都被敬重的团体。在此，我们所属的团体，即"本团体"

也要被定位。

当"本团体"被定位为符合期望的团体时,这就意味着身为团体一员的自己也是符合期望的。正如在第三编中所介绍的,我们有想要积极理解自己的动机。把"本团体"当作是符合期望的团体正是满足了这一动机。

这种刻板印象有时还与偏见结合在一起。蔑视那些"既冷漠又无能"的团体,赞赏那些"既有才又热情"的团体。还有,怜悯那些具有两面价值的"虽然很热情但是能力低"的团体,嫉妒那些"有能力却冷漠"的团体。

但是,在这里需要注意的是,怜悯和嫉妒是带有积极和消极两种情感的混合物。

对其他团体的怜悯,一方面包含对那个团体的同情,另一方面,则是基于本团体优于对方团体的认知所产生的。像这样的团体对于自己来说是安全的存在,偶尔也会对那个团体进行庇护。

另外,对于其他团体的妒忌,则伴随着对该团体卓越才能的愤怒与怨恨。具有卓越才能的团体对于自己很可能构成威胁。因此,有时会对该团体进行攻击。像这样从偏见中产生的带有歧视性的行为,稍后会做详细的说明。

因团体定位而产生的"矛盾心理的性别歧视"

在前文所述的"刻板印象的内容"模式中,时常把其他团体定位在矛盾的心理之上。根据该模式所示,很多刻板印象都属于这一情况。我们认为当热情和能力其中一个程度较高，另一个则必定较低。这也是一种与"矛盾心理的性别歧视"（格利克 & 菲斯克，1996）相关的想法。接下来我们介绍关于这个主题的实验。

根据实验我们得知，对女性的性别歧视包括"敌意型性别歧视"（hostile sexism）和"善意型性别歧视"（benevolent sexism）。

"敌意型性别歧视"是针对非传统女性的歧视，在男性主导的商业社会中能力得到充分发挥的女性（即职业女性）等便会成为"敌意型性别歧视"的对象。虽然必须得承认对方的才能，但却把她看作是高冷的。

例如，评价一位优秀的女性 A："A 工作能力确实强，但她却是一个不能理解下属的人"便是如此。这样的印象会成为阻碍 A 晋升的绊脚石。

与此相对，"善意型性别歧视"是针对传统女性的歧视，对象是包括停留在传统家庭分工的女性（即家庭主妇）等。虽然承认对方是温柔的，但是却被认为没有能力。

乍一看后者带有积极的色彩，这是因为 B 给人的印象是"B 是一个温柔的人"。另外，也会有给 B 提供帮助的时候，也就是会让你认为"这份工作对于 B 来说可能很难，那就替她做吧"。帮助这一行为对 B 来说是一个积极友好的行为，有时候 B 也会欣然接受。

然而，这种性别歧视也带来了严重的问题。例如，在一个单位所有下属都被分配相同的任务，上司用对方的姓来称呼男性下属,但是对女性下属C却直呼其名,有时候甚至谈论其容貌。这样会给周围人留下C女士的工作表现仿佛真的不如人意的印象,进而会影响到C的职位晋升。

"系统正当化动机"对维持刻板印象的影响

刚才解释的是我们在日常生活中经常会看到的现象。

例如,在日本,身居管理层女性的比例要比其他主要国家低。雇佣机会均等相关的法律已经实行接近40年,但在目前的企业经营者中因为有很多是在该法律施行之前就进入了公司,改变是需要时间的,这可能是女性领导晋升不顺利的原因之一。

但是,我们使社会系统正当化的动机可能也对现状的维持产生影响。接下来介绍一下这个问题,但是也有可能是因为心理因素使其更难发生变化。

所谓的系统正当化动机,是指认可、支持社会系统的动机(约斯特等,2012)。根据该理论我们可以认为,对团体的刻板印象发挥着使系统正当化的作用(约斯特&巴纳吉,1994)。

另外,即使是社会系统中地位较低的团体成员,也有可能承认该系统的公平性与正当性。作为其理由,可以列举"减少不和谐结构"。

"地位低的团体"中有的成员认为是社会系统对自己产生了不利,另一些成员则认为自己为系统的稳定做出了贡献。因为这两种认知产生了不和谐,为了降低其不和谐而选择维持现状（约斯特等，2003）。

我们试着把这一理论放到刚才的"矛盾心理的刻板印象"中来考虑。被视为"虽然很温柔但是没有能力"的团体接受了自己的刻板印象，因此便能够得到有能力的团体的保护。其中，或许有成员感受到被守护的好处。可以认为这种刻板印象和社会系统的维持相关。

"偏差图式"表示的对于团体的偏见与行为

"刻板印象的内容"解释了团体刻板印象与偏见是如何联系在一起的。发展这一模式的理论是"偏差图式（群体间情感行为和刻板印象：偏差图式）"（卡迪等，2007）。

该理论显示刻板印象与偏见会诱发其他团体对该团体采取某些行为。如果对方是温和的话会产生如支持等积极的行为，但是如果对方能力强则会出现如无视与不配合等消极的行为（图6）。

在此模式中，对团体的定位和对该团体的行动做出了如下论述。对一个"既温和又有能力"的团体的赞赏，会带来和该集团成员的合作与接触。对一个"既冷漠又无能"的团体的蔑视，会产生对该团体成员的排斥与无视。对"虽然温和但是无能"的团体的怜悯，有时候给予该团体成员积极的支援，有时候则会出现消极的回避。另外，对"有能力却冷漠"的团体的嫉妒，有时候会与该团体成员消极合作，有时候会对他们做出积极却带有敌意的行为。

```
高          积极的助成
            ↑
    怜悯              赞赏
温
    消极的危害  →    消极的助成
度
    蔑视              嫉妒
            ↓
低          积极的危害
    低        能力        高
```

（卡迪等，2007）

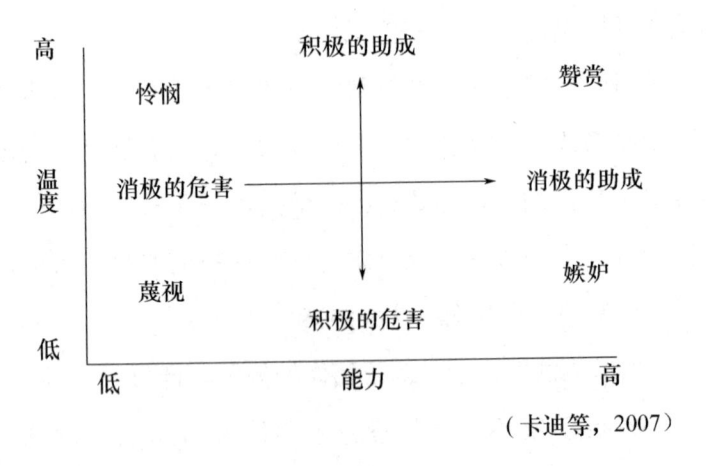

图 6　"偏差图式"的概念图

我们总结一下到目前为止解释过的内容。"刻板印象的内容"模式与"偏差图式"描述了我们如何形成对"那些人"的印象，以及对他们怀有什么样的情感和会做出怎样的行为。

我们尽量避免对其他团体明目张胆的偏见或歧视。这是因为，我们知道露骨的偏见与歧视是会受到谴责的。取而代之的是，通过隐秘的方式，将其他团体定位在比自己差的位置，使其成为偏见和歧视的对象。这种"矛盾心理的刻板印象"导致了不与其他团体的人接触，再如刚才所说的年龄歧视与性别歧视。

"系统正当化理论"揭示了产生等级差距的社会系统不会改变的理由，并说明了维持刻板印象的过程。正如前文所解释的，正当化动机的作用阻碍了去改变"那些人"

的印象。有时,还使"我们"自己得以维持对自身的印象。

"矛盾心理性别歧视"理论原本是男性对女性的性别歧视,当然问题不止于此,也存在女性对男性的性别歧视以及同性之间的性别歧视,如近年来出现居家型的男性(即家庭主夫)、休育儿假的男性、承担育儿角色的男性的情况。

然而,"男性应该在社会中工作"这一传统的性别角色观阻碍了这种变化。另外,在同性之间也会对能力高的团体成员产生嫉妒。因为这种嫉妒心理,会产生攻击性的行为,如阻碍对方进步、散布流言蜚语等。从很久以前开始,有关性取向和性别认同的歧视就是很大的问题。

也许你会担心自己也像这样对某个"团体范畴"带有刻板印象,或许也和偏见与歧视联系到了一起。又或者,你认为自己没有对别人抱有偏见与歧视。

无论怎样,如果真的想知道自己是否是那么想的,请回忆在第三编中介绍的"内隐联想测验(IAT)"。测试自己潜在的也就是在无意识之中对特定团体持有什么样的态度。像在本节中列举的年龄、性别与职业,以及性取向相关的课题(2021年10月至今)。

第十二章　你是如何与同伴谈论"别人的事情"的呢

→其他人应该也是这么想的
　　——"刻板印象"的共享

　　"刻板印象"是对特定团体的成员结合其属性进行的认知。其中，不仅仅是"我这样认为"，也关系到"其他的人也这样认为"。

　　例如：认为"团体运动项目的队长很外向"的人，会觉得自己的这个认知与很多人，尤其是与自己所在团体的成员所见略同。越认为自己的想法被认同，越容易对特定团体产生刻板印象。接下来我们介绍一下关于这方面的实验（哈沙姆，1996）。

　　该实验是以澳大利亚的大学生作为实验的对象。参加的人，要从写着84个词语中选出能够表达澳大利亚人（本团体条件）或者美国人（他团体条件）典型特征的5个词语。

届时，从提交上来的84个词语里选出符合澳大利亚人特征的5个词（例如"正直"），或者关于美国人特征的5个词（例如"国家主义"），以大写的方式，明显标记出来。此外，解释这5个大写词语是在之前的调查中和参加者们同一所大学的没有偏见（本团体）或带有偏见（他团体）的学生所选择出来的认为是符合澳大利亚人或者美国人的特征的词语。

实验的参加者根据被告知的条件选择5个词语，并进一步推测在那个团体中与所选择特征相符合条件人的比例。具体如下：如果是作为本团体的条件的话，从84个词语中选出5个描述符合澳大利亚人特征的词语，并回答符合该特征的澳大利亚人的比例。如果是其他团体的话，从84个词语中选出5个描述符合美国人特征的词语，并回答符合该特征的美国人的比例。

接下来介绍一下部分实验结果。该实验对参加者自己所在的团体，也就是与描述澳大利亚人特征相关的词语，我们分析其回答时得出，当被告知这5个词是"其他团体的人选择的符合澳大利亚人的特征"时，参加者很少会选择相同的词语。此外，认为符合那些特征的澳大利亚人的比例也会往低去回答。

这种情况是由于感觉到了其他团体对己方的刻板印象，从而产生的反感情绪所导致的。

另一方面，关于描述美国人特征相关的词语，我们在分析其回答时得出，当被告知这5个词是"同一个大学的学生（本团体）选择出的美国人的特征"时，很多参加者也会选择相同的词。另外，符合那些特征的美国人的比例也会往高来回答。

也就是说，这充分体现了对美国人的刻板印象是本团体成员所公认的。即我们可以认为有共同的认知，可以加深刻板印象。

例如，某企业的面试官A，有一个认为"团体运动项目的队长很外向"的"信念"。A在和同事聊天中偶然间发现同事B和C也认为"团体运动项目的队长很外向"。于是，A更加坚定对自己这个"信念"的确信程度。

这是由于察觉到本团体成员之间持有一个相同的刻板印象，"团体运动项目的队长"这一范畴的刻板印象也会被加强。于是，当A得知来面试且很有可能被录用的D是一位"具有团体运动项目的队长经验"的人时，就会认为"D一定是一个外向的人"。

→"信念"是如何被共有的

通过"共享现实"可以强化信念、团结同伴

"刻板印象"是指自己认为自己与他人（尤其是本团体成员）共有的"信念"。可以认为这是"共享的现实（shared reality）"的一部分吧。

在第二编中,对"认为自己与别人有同样的经验"这一问题进行了说明。由于拥有"共享现实",便相信自己对世界的理解,并认为自己的理解是对的(哈丁 & 希金斯,1996)。而且得到自己和别人是相通的感觉(埃赫特霍夫 & 希金斯,2018)。前者是"动机认知",后者是"动机联结"(埃赫特霍夫 & 希金斯,2021)。

这两者是相互影响的。一种是从"动机认知"到"动机联结"的影响过程,如他人共同经历这个世界的真相,也就是说,由于拥有"动机认知",才使"动机联结"成立,给你带来的是与他人的亲近感(埃赫特霍夫 & 希金斯,2021)。

当面试官 A 知道了同事和自己一样,认为"团体运动项目的队长很外向",感受到了同事和自己是一样的,从而产生了亲切感。

另一种是由"动机联结"向"动机认知"影响的过程,让别人也构建一个与自己相同的经验,也就是说,通过共享自己的经验,获得"动机联结",这是将经验由主观向客观转换,使经验变得真实,从而使"动机认知"成立(埃赫特霍夫 & 希金斯,2021)。

来面试的 D,因为具有团体运动项目队长的经验,面试的过程果然和设想的一样,D 的行为举止很"外向"。面试官 A 听到一起担任面试官的同事 E 说"果然和你想的一样"后,便更加确信了自己的"信念"是如此。

"与刻板印象一致的信息"很容易上升为话题

正如上面所说,我们因为和他人分享"现实经历"而联系到一起。同时,因为和他人产生了联系,而共享"现实经历"。这些相互作用,是通过交流产生的。

像刚才说明的那样,"刻板印象"也可以看作是"共享现实"的一种。事实上,"刻板印象"的交流在与他人关系上时常发挥着重要的作用。我们以相同的"刻板印象"为话题,和对话的人产生联系。

两个人在交谈时,谈论对第三方相同的刻板印象,比不相同的刻板印象要多。这被称作"刻板印象的一致性偏差"(克拉克 & 卡斯玛,2007)。通过交流对第三方相同的刻板印象,体现交流双方的相似性,也是向对方示好的表现,显示出两人之间有共同点(common ground)。那么接下来介绍一下关于这方面的实验(克拉克 & 卡斯玛,2007)。

在最开始的实验中,向参加者提供了一个年轻男性的相关信息,里面包括了与"男性刻板印象"一致的信息和不一致的信息,以及一些与刻板印象无关的信息。例如,信息包括该男子的职业是足球选手或者作家。然而,信息所示的对足球选手的刻板印象与"男性的刻板印象"相一致,但对作家的刻板印象与"男性的刻板印象"不一致。

针对各种信息,请参加者回答"如果你是和同一所大学的同学交流,你想和他分享关于这位男性的什么信息呢?"

此外，也让其回答"这些信息在与说话对象建立联系方面发挥了多大的作用"等问题，用相关的信息和对方建立联系，或者"为了让说话对象了解该男子，交流的信息起到多大的作用"等关于信息价值方面的问题。

经过分析我们可以认为，通过交流对该男子相同的刻板印象，可以与交流对象建立联系。但另一方面，这些信息则会被认为没有什么价值。

上述结果表明，我们可能会谈及对第三方的刻板印象，用以构建和交流对象尤其是和本团体成员间的关系。所以我们认为"刻板印象"的存在可能会拉近两个人之间的距离。

例如，当A与另一个部门同批入职的C谈及自己的上司B时，会把与B相关的刻板印象当作话题来谈论（例如，只知道工作的"职业女性"，对部下又很"苛刻"之类的话题）。于是，与C之间的谈话也变得热烈。

刚才介绍的实验还有后续实验。这个后续的实验是以将接收到的信息不断地传递下去的形式（连锁再生法）来进行，就像传话游戏一样创造了交流链。

首先告诉这个交流链的第一个人，传递的是一个年轻男性的信息，并要求传递信息时要以写的方式，之后的人也是同样，直到第四个人为止。届时，通过告知本团体间关于年轻男性的职业有相同刻板印象的人比较多（共通感知度高）或者比较少（共通感知度低），来操纵共通感知度的高低。

在分析参加者所写的信息时我们发现，在共通感知度高的条件下，写出一致的刻板印象比不一致的多。换句话说，如果认为与下一个传递者有相同的刻板印象，则会传达相关的刻板印象。此外，也显示出这种信息的传递发挥着社会性的连接机能。

用刚才的例子来思考一下。同事C从A那里听到上司B的事情。当C和另一位同批入职的D谈话时，对B的刻板印象（根据A的说法，"职业女性，对部下严格"）相同的认知要比其他事情更容易成为话题。这样，在与A同批入职的同事之间，B的职业女性的形象越来越根深蒂固，同时这一批人之间的纽带也更加牢固。

上述说明了与本团体成员之间谈论"其他团体成员"的事情时，会对本团体成员间的关系产生影响。同时，本团体成员之间的这种沟通也会对否定其他团体产生影响。

假设有一个原本与本团体成员关系不太好的团体。接下来在让本团体与该团体成员接触的情况下是如何影响本团体成员之间的谈话内容的实验（格里尔达努斯等，2015）。

该实验以某大学的学生为对象，包括大学生团体和与其实际存在冲突（对立）关系的附近居民（他团体）。

当大学生之间交谈时，他们对居民团体的否定看法是共通的，感受到了他们的敌意。此外，学生们认为他们同时也被居民团体所否定。而且他们自己，即本团体的统一性也增强了。

如果在与竞争团体（他团体）见面之前本团体成员间谈论对方的事情时，就会互相确认对他团体所持的否定态度，那么便会更加感觉到本团体与他团体之间的隔阂，从而导致团体间的冲突加剧。

例如，当组织内部存在部门间冲突时，本部门的内部谈论，可能会加深对另一部门的敌意。这样的话，解除冲突或者达成共识就会变得愈加困难。

"与刻板印象不一致的信息"有时也很重要

最后介绍一些有关未发现"刻板印象的一致性偏差"情况下的实验（卡拉萨等，2015）。

该实验要求本团体成员交谈时，对他团体的印象进行准确的判断。其结果是，没有发现"刻板印象的一致性偏差"，在对话中更多提到的是不一致的信息。另一方面，当针对本团体进行探讨时，在对话中更多提到的是一致的信息。

当我们需要对他团体成员做出准确判断时，我们可能会关注与"刻板印象的不一致性信息"，并研究其含义和原因。因为不一致性信息比一致性信息具有更高的价值。

特别是当与他团体处于对立关系时，或者他团体成员与本团体成员被经常拿来比较时，可以预见对"刻板印象的不一致性信息"的关注会增多。因为不一致性信息可能推翻原有的印象，他团体可能存在朝着威胁"我们"发展的征兆。

例如，假设销售策划部门的员工认为"自己"富有创造性，为组织带来利益，而会计等部门的"那些人"只是认真地完成分配给他们的工作而已，那么这些部门之间经常会在经费使用等问题上产生分歧。

有一次，公司内部对新业务的创意进行公开征集，并得知间接部门的员工和团队提交了大量优秀的方案。

这是与"那些人"的刻板印象不一致的信息。虽然到目前为止自认为很有优势，但上层可能不这么认为。销售策划部门的员工会感到不安，会把"刻板印象不一致的信息"作为本部门同事间讨论的话题吧。然后，或许会一边急于"如果我们自己不想出一些好创意的话那就难办了"，一边去找"那些人"提交的方案里的毛病。

由此可见，"与外部团体成员的刻板印象"一致性信息和不一致性信息，在本团体的交流中发挥着不同的作用。

谈论一致的信息可以确保我们的知识和想法是共同的，并加强彼此之间的关系。而且，使自己和"那些人"之间的区别有如隔山。

另一方面，谈论不一致的信息会促使我们仔细思考"那些人"，如果有必要的话也促使我们准备对抗"那些人"。

到此为止，介绍了"关于团体的刻板印象"的形成与维持的过程。我们有时把别人进行"范畴化"处理，有时把"受关注的团体"与"受关注的特征"联系起来，可以认为是一种内心的"认知活动"。但是，如果再加上要把"自己"的团体放在比其他团体具有优势地位的"动机"的话，就容易产生偏见和歧视。

团体位置关系难以发生变化的原因，也许是因为有时我们把双面价值性的感情转向其他团体，甚至有时候去肯定别人对自己的感情，认为世界是平衡的。

"刻板印象"在与他人的交流中也会得到不断的加强和维持。当我们意识到我们对其他团体的"刻板印象"与同伴之间是共通的时候，我们的"信念"就会变得更强。另外，通过交流"刻板印象"的相关信息，也会加强和同伴之间的联系。

像这样，我们对特定团体所持有的印象，会创造出"我们"与"那些人"之间的关系。而且，再进一步将"我们"联结在一起的同时，也可以察觉到与"那些人"之间距离的遥远。

第五编

"那个印象"真的可以吗

第十三章 偏见是如何影响我们的固有"印象"的呢

→ "惯性思维"给我们带来了什么

当我们对"他人""自己"还有"群体"做判断时，有时会产生"惯性思维"。目前为止，我们已经介绍了一些这样的例子。让我们稍微回顾一下主要内容。

当我们对"他人"形成印象时，往往会受"确认偏差"的影响。很多时候，会试图按照事先的预想来收集对方的信息，记住那些和预想一致的信息。有时得到新的信息也会按照事先预想的去解释。也就是说，在决定对方印象时选择使用的是有倾向性的信息，甚至连预测对方将来的行为，也会基于像这样有倾向性的信息。

此外，我们很容易使用以下两种方法的其中之一去理解"他人的想法"。如果认为对方和自己很像，就会在理解他人想法时映射出自己的想法。如果认为对方和自己不同,则会利用对方所属范畴的印象进行判断。即,根据对方与自己是否相似而切换判断的方式。

当你对对方抱有好感,也就是对方是与自己相似的人时,这种情况下当你向别人说对方的事情时,会根据自己的想法来改变你的表达方式。因为你喜欢对方,所以你会把对方那些好的行为解释为是因为他的性格好,同时强调那些好的行为对方平时都会做,这样就会把你对对方好的印象传达给听你说话的人。

如何看待"自己"也会影响你对别人的判断。这是因为,人们经常会根据自己去理解别人。人们基本都想把自己往好的方向解读,为了使自我评价不至于过低,有时会与"重要的他人"保持距离,有时也会减少关注那些自己做得不如对方的事情。所以也可以说我们对自己的看法发生了变化。

像这样,如何看待"自我",是根据情况的变化而改变的。在想让别人对自己有"这样的印象"时,在按照这个印象表演的过程中,有时也会按照表演的方向使自己一直改变下去。

另外,也有和"如何被别人看待"相关的"偏见"。我们不自觉地倾向于关注自己,有时会认为事情的原因在于我们自己,我们会认为自己的行为比实际上更多地吸引了周围人的注意力。

像这样,即便是在判断他人的印象和状况,"自我"也起着重要作用,但其原因与"重要的他人"关系密切。因此,一想到"重要的他人"时,自己也会发生变化。

此外,我们对自己的了解是有限的。因此,当我们试图解释自己的某些想法产生的原因时,一些地方会产生矛盾。因此,认为自己是最了解自己的人,或许也只是一种臆想罢了。

将人按照"自己所属的团体(我们)"和"自己不所属的团体(那些人)"进行范畴化,有时会认为同一种范畴的人很相似,也会放大那些不同范畴之间的差异。由此,产生了各种"惯性思维"。

把自己当作某个团体的成员时,你会偏向于自己所在的团体。而另一方面,对那些你认为拖本团体后腿的成员持否定态度。有时,我们也会严格要求本团体的成员。

像这样看自己所属团体成员时是带有"惯性思维"的,看其他团体的成员时也是伴随着"惯性思维"。产生这种情况的一个重要原因是"对团体范畴的刻板印象"的作用。

特别是,我们倾向于低估其他团体成员的"品格"或"能力",从而认为世界是平衡的,这也导致了对其他团体的歧视。

当你认为自己所在团体的成员拥有与你相同的刻板印象时,那种信念就会变得更加强大。另外,在交流时,自己和对方谈论他人的信息时,如果发现自己和对方拥有相同的刻板印象,就会认为与对方的关系得到了增强。所以,

"信念"的分享和彼此的关系,是相互影响的。

→因"惯性思维"出现的问题,或许是有益的

到目前为止,虽然这些事情在本书中已经介绍了,但是如果重新整理一下,你就会发现,我们所拥有的"惯性思维"是很广泛的。

或许你会认为一直以来,对"自己""他人"或"团体"所抱有的印象,很多都是扭曲的。为了继续积极地看待自己,本应自己努力继续完成课题,但是如果你降低了对那个课题的重要性的认知,并停止了努力,那么你也许会后悔当时的决定。

此外,如果你一直以来都认为自己不喜欢别人或他团体,又因对其持有的否定态度而与其保持距离的话,也许最好能重新考虑一下。

如果以扭曲的判断为基础,就会采取不恰当的行为。"惯性思维"可能会导致类似于过早放弃目标、歧视他人、团体间的对立等不良的结果。

另一方面,正如我之前所说的一些"惯性思维"有助于人们适应社会和应对各种状况。有时,从别人庞杂的信息中找到一些线索,并能迅速做出相应的判断,也是很重要的。

例如,在上班途中,假如有一个看起来与其他人不同

的可疑人向自己走来。此时，立即将此人归入"可疑人"范畴，瞬间预测这类人会做的行为。作为应对，会紧急逃离那里。

从感知到离开的过程可能几乎是无意识的。如果对方真的是危险人物，那么逃离的应对方式是很恰当的。如果没有对"可疑人"这一范畴的相关认知，就不可能会采取这样的行为。但实际上那个人可能也并不是什么坏人。然而，为了确认对方是否可疑而想要持续收集信息，在盯着对方看的过程中，可能会遭遇危险。

再举一个"惯性思维"好处的例子吧。对自我持有"积极错觉"（泰勒＆布朗，1988）的认知，也就是进行自我肯定。

关于这种"惯性思维"好的一面，已经从设定目标为此而努力的角度进行了说明。

下面就"与他人的关系"中所起的作用来说明这一观点。积极看待自己可以保持心理健康，并通过积极的情绪加强与他人的联系。尤其是在听到消极的反馈时，即使正在经历困难，也可以得到他人的帮助用以应对。

也就是说，"积极错觉"也适合帮助我们面对生活中产生的各种问题。以客观的指标来正确评价自己，对我们来说并不一定都是"好"的。

多亏了"惯性思维"，我们有时可以更容易适应各种状况的发生。在理解这点的基础上，在下一章中，让我们来思考如何正确面对"惯性思维"。

第十四章　我们应该如何面对"惯性思维"呢

→为什么说了解"惯性思维"很重要

请回顾在第一章中介绍的"双过程理论"。那是一种在有关他人印象的信息处理中综合了"自动思维过程"与"主动思维过程"的模式。这告诉我们处理信息有两个方法，一个是可以根据对方所属的类型来迅速处理对方信息的方法，另一个是因为某些原因需要通过仔细思考来处理对方信息的方法。

第二章中也介绍了，从他人行为推断其特征的过程中，假设的"自动思维过程"与"主动思维过程"的模式，我们能够迅速推断出对方究竟做了什么样的行为（自动思维过程）。然而，为了了解对方是什么样的人，我们还要考虑对方的行为是否受到了一些状况的影响。如果认为对方的行为是受到了某些状况的影响，那么最初的判断可能会被修正（主动思维过程）。

鉴于这种对状况的考虑以及对判断的修正是因为出现了"主动思维过程",可以说,如果我们通过"仔细思考"就很难受到"偏差"的影响。然而这种"仔细思考"是需要有一些条件的。

首先,要意识到自我判断的过程受到了"偏差"的影响。在意识到这一点之后,我们需要有一个修正"偏差"影响的动机。为了修正"偏差"的影响,正确认识"偏差"是如何影响的以及影响的程度如何也很重要。在此基础上,如果有能力并使用这种能力来调整你的判断,那么"偏差"的影响就会变小(威尔逊 & 布雷克,1994)。

而且,为了使这一过程起到作用,事先了解自己的"惯性思维"也很重要。如果可以的话,请返回第一章再次阅读。

也许有人会立刻认为是"那样吧",也有人重读之后认为是"这样吧"。无论是哪种情况,都不会像最初阅读时那样想吧。

那是因为大家已经想象过开头所描写的状况了,也许在当时就已经意识到了自己的"惯性思维"。自己知道在什么样的情况下,容易受到什么样的"偏差"的影响,这很容易与刚才解释过的调整联系在一起。

如果你对本书中多次提到"团体运动项目的队长"这一范畴持有什么印象的话,一定要提前意识到这一点。之后如果自己在某天成为面试的负责人,在面试中遇到有团体运动领导经验的人,希望大家能回忆出上述内容。

如果这样的话,我们也许会在提问时不仅问一些确认他给你留下的印象相关的问题,也会问一些相反的问题。也就是说,在面试中不只收集确认信息,而是收集全面信息。从对这些问题的回答中也可以获取关于对方的新信息,可以得到综合性的信息,从而对人物进行评价。

总之,重要的是能意识到自己是有"惯性思维"的,提前设想"惯性思维"会使判断发生扭曲,以便在实际中发生这种情况时知道如何去做。

→ "惯性思维"到底会带来多大的问题

现实中惯性思维给"他人"带来的影响

我们阐述了可以做什么用来减少"偏差"所产生的影响。即便如此,也有一些情况下这些做法很难付诸实践。本书介绍的社会心理学实验显示了"偏差"的存在和其影响的大小以及顽固性。

但是,需要注意的是,在这些实验中用到的信息以及对于各种情况的构想,并不和实际日常生活中遇到的人以及所处的状态完全相同。例如,作为实验的需要,可能给参加者一些线索让他们容易产生"偏差"。另外,也许有人列举了有一些没有必要仔细考虑的情况。

在这里,让我们再来思考一下,因为直觉这种判断方式所产生的"偏差",对现实社会产生了多大的影响。

例如，刚才所举的例子，在上班的途中遇到的那个人直觉上认为他"不是什么好人"，即便那个人并不是你所想的那样，但那也不会出现什么很大的问题。如果到最后什么也没有发生，我们也可以修正自己的判断。假如从那以后再也没见过对方，这件事情可能会被立刻忘记吧。

但是，如果和对方的关系并不是一次性的，那会怎么样呢？

假设有新职员将要被分配到自己的部门。关于新职员，人事部门所提供的信息很多时候并不那么详细。所属部门的上司需要从这些有限的信息中推测对方是个什么样的人，并和下属一起为他准备一个能帮助其成长的计划。这时，首先只能根据比如上学时学的是什么、都参加了哪些活动，有时候甚至根据培训时的表现等信息来判断对方。即使分配进来之后，在最开始那段时间也许也会对直接从他本人那里得到的信息，按照先入为主的观念进行解读。

但是，在为了能更好地了解这位新下属而进行的谈话中，如果通过观察他的表现得到了与原有的观念所不一致的信息——虽说是不一致的信息，但也不会忽略不计吧。如果再加上从培训他的职员那里也听到了类似的信息，那么在解读新职员时一定会加上这方面的内容。

实际上，我们在与他人相互作用的过程中，有时候会发现一些东西"与第一印象不同"。如果我们的"确认偏差"十分顽固，上述印象的变化应该不会发生。

另外，我们要了解的对象实际上也在不断发生变化。在与对方交往的过程中如果能发现这样的变化，则会改变与对方最初见面时的印象。

虽然被分配来的新职员最初给你留下的印象是"不谙世事"，但是经过一段时间的接触之后，对新职员的印象也许会变为"诚实可靠"。

而且，随着对他人进行认知经验的积累会使信息的收集方式与解释方法发生改变。例如，在思考他人是什么样的人时，如果是在以前的话也许不会接受与自己想法相左的意见，但现在或许变得可以询问持不同立场的人们的意见了。

假设对新职员有"虽然很积极，但是认真程度够吗"的担心，如果这个时候负责培训他的人评价说"事情的准备工作做得很周密"，你接受了这一信息就是这样的例子。

另外，对于他人做出的某些行为，过去和现在的看法应该也是不同的。以前觉得新员工的态度是"不把自己当外人"，也许这样的想法会转变为"特别容易接近"。

这样，因为被认知的一方和去认知的一方都发生着改变，所以即使在某一时间点上对他人的印象存在些许错误，也不会产生太大的问题。实际上，我们每天都和很多人相遇并且非常顺利地生活在其中。

惯性思维对"自己"带来的实际影响

让我们也来考虑一下有关"自我"的"惯性思维"。

刚才我们提到要积极地看待"自我"。除此之外，我们"习惯性"地认为，他人对自己的内心进行了过分的解读（第九章）。正如前文介绍的研究所示，在想要隐藏真实想法的时候，也许这种"惯性思维"带给我们不知所措或者羞耻的情感。

然而在现实生活中，我们又在多少情况下是不想让别人知道自己的真实想法的呢？确实，有时我们也是为了不伤害对方而选择隐瞒实情。但是，与此相比，多数情况下我们难道不是更希望让对方了解自己的想法与感受吗？

例如，当我们因为某件事而苦恼时或者是感到痛苦时，为了不让周围的人担心，我们尽量不在表情和态度上显现出来。即便如此，如果这时有人能理解我们，我们就会感觉到和对方的关系更紧密了。

通过感知自己的情感得到了共鸣而使两个人的关系变得更加紧密，也许下一次我们会想让对方也得到感情上的共鸣吧。

惯性思维给"团体"带来的实际影响

那么，"团体间的关系"又如何呢？"惯性思维"在维持"团体"印象上，确实是一个很难处理的问题。认为"我们"团体品德和能力都高，而认为其他团体在品德或能力的其中一方面明显不足，因此对这些团体的偏见也被肯定了。而且，"对团体的刻板印象"也得到了维持（第十一章）。

但是，在与他人交流的过程中，这种"刻板印象"有时候也会不断改变。请大家回忆下列内容。

人们在交流时通常会调整说话的内容来迎合对方，直到自己的想法和所说的内容保持一致（第六章）。另外，在与本团体成员交流的过程中，如果认为对方没有和自己持有一样的"刻板印象"，在谈话时便会很少谈及与此"刻板印象"相关的内容（第十二章）。

例如，假设有人对某一范畴的团体持有一个"刻板印象"，而这个人又被放到一个新的团体，不久之后发觉在新的团体中没有人持有那样的"信念"。

于是，在与本团体的人谈论到该团体时，他则不会提到与"刻板印象"相关的话题，而是以通常的说法来谈论他们。这样的话就会与"本团体成员"形成"共同的真实感"，甚至连他本人的想法也有可能会发生改变。

在现实社会中我们不可能一直属于某一个单独的社会团体。因为住所的变化、上学和工作地点的变化，我们会加入新的团体，我们在生活中同时归属于多个团体，因此在某个团体中是"真实"的东西，在另一团体的成员眼中可能就不是那样。这样的话，我们的"信念"也会发生变化。

另外，对某些范畴带有"刻板印象"的人，在生活中有时也和该范畴的人同属于一个团体。例如，对种族带有"刻板印象"的人，在地区、学校或职场等社会团体中，会与该范畴的人发生相互作用，有时也会朝着同一目标相互协助吧。

在这种情况下，通过实际接触可能会改变对那个范畴的印象。甚至，在一些时候因为组织的统合等原因，本团队与他团队可能会被包括在一个更大的范畴内。于是，为了实现更高的目标，"我们"与"他们"之间的区别与差异会被淡化。像这样，在社会生活中团体印象也是会发生变化的。

我们不是生活在某一个封闭的团体中，而是不断地在不同的团体间移动。而且，团体范畴本身也在不断变化。那么人与人的关系与集团间的关系，在今后将进一步从固定的关系向流动性的关系转变下去。

也许我们可以把这种社会环境的变化视为改变对其他团体印象的机会。届时能否朝着期待的方向发展，是留给我们的任务。

→ "偏差"没有对错之分

最后想说的是，本书用"偏差"一词解释了由我们的"惯性思维"产生的现象。其中，也是因为研究人员就是这么定义的，所以就原封不动地使用了这个说法。然而，不一定非要用"偏差"一词，有时也会使用"效果"等其他表达方式。关于这一点在第二编中已有说明，可以再次确认一下。

总感觉"偏差"一词带有某种负面印象，到目前为止，我们所介绍的这些现象，也并不都对我们产生负面影响。

另一个要说的是，在对他人、自己以及团体的印象中实际上没有"正确"或者"不正确"之分。没有正确答案。因此，"惯性思维"会造成"印象扭曲"或者"判断扭曲"等表达其实也并不恰当。

对于"什么是正确"的，我们都有不同的判断标准。例如，也许你会因为自己的判断与自己周围人的一致，就认为是"正确的"。有时候也因为那是在自己所属团体中被共同承认的，所以觉得是"正确的"吧。此外，因为一些判断是对自己有益的，也会认为那就是"正确的"吧。我们不能说这都是错误的。因此，扪心自问，"印象是否正确"是没有意义的。

我们能做的是，通过自己的行动来推测自己到底对对方持有什么样的印象，并回顾这种印象是如何一点点形成的。而且，在此过程中如果发现了本书中介绍的"惯性思维"，那么就需要考虑自己对他人、对自己以及团体持有那样的印象"可以吗"。

结语

在学习社会心理学之前,一直都认为自己"对别人的事情也好,对自己的事情也好,都是很清楚的",但是现在我却不那么认为。

通过学习社会心理学,知道了形成印象时的"惯性思维",也知道了可以修正因为"惯性"得出的判断。因此虽然想说真正"变得有一些明白了",但是果然还是觉得并不是那么明白。

只是明白了,我们为什么会认为那些自己、别人以及别的社会范畴的成员的言行举止是好的或者是不好的。对于那些之前没有仔细考虑过的人,对他们的看法也可能发生改变(虽然不总是)。

本书涉及对"社会的认知",尤其是对"人的认知"的领域。要学习这些内容,其实有很多好的教科书。给著者指导的老师们也出了很多相关专著。因此，我以这个题目来写书，那些老师们会怎么想我呢（恐怕这也和第九章所说的"聚光灯效应"相关吧）？

既然有这样的担心，那为什么还要去写这本书呢？有两个理由。

其中之一是，这本书是面向商务人员的。社会科学研究领域的研究者来写这样的书是不多见的，也只有我因为又在公司工作过，才能为读者奉上一些更容易理解的案例。

另一个理由是，自己在学习社会心理学时总结的经验，也想分享给手持本书的读者们。对于那些到目前为止从来没有认真去考虑过的人，因为通过这本书而使你对他们的看法发生了一点点的改变的话，我就已经心满意足了。

另一方面，本书在说明心理结构时一再用上司和部下的交流为例。这些例子，读者也许会认为是著者的亲身经历。绝对不是。

很幸运的是，到目前为止，著者的上司们为人都特别好。在出版社工作时的上司，同时也是深造时的导师田村光二先生接纳著者读研究生，并一直给予耐心指导。同时我也认为正是因为得到了老板的照顾，我才能有这样的机会。

……

从日本实业出版社的川上聪先生通过大学宣传的咨询

窗口和我取得联系的那天开始到今天，通过川上聪先生的帮助，我终于把心中的想法变成了有形的实物。

上述的各位以及本书的读者们，请允许著者在这里表示由衷的感谢。

田中知惠

2021 年 10 月